**DOMINA TUS
PENSAMIENTOS NEGATIVOS**

# DOMINA TUS PENSAMIENTOS NEGATIVOS

## EL SECRETO DE LA LIBERTAD EMOCIONAL Y LA FELICIDAD

### DANIEL G. AMEN
AUTOR BESTSELLER #1 DEL *NEW YORK TIMES*

REM*life*

**Descuentos y ediciones especiales**

Los títulos de Reverté Management (REM) se pueden conseguir con importantes descuentos cuando se compran en grandes cantidades para regalos de empresas y promociones de ventas. También se pueden hacer ediciones especiales con logotipos corporativos, cubiertas personalizadas o con fajas y sobrecubiertas añadidas.

Para obtener más detalles e información sobre descuentos tanto en formato impreso como electrónico, póngase en contacto con revertemanagement@reverte.com o llame al teléfono (+34) 93 419 33 36.

**Domina tus pensamientos negativos: el secreto de la libertad emocional y la felicidad**

Originally published in English in the U.S.A. under the title:
Conquer Your Negative Thoughts, by Daniel G. Amen, MD
Copyright © 2023 by Daniel G. Amen, MD
Spanish edition © 2025 by Editorial Reverté S.A. (imprint REM) with permission of Tyndale House Publishers. All rights reserved.

© Editorial Reverté, S. A., 2025
Loreto 13-15, Local B. 08029 Barcelona – España
revertemanagement.com

Fecha de publicación: junio 2025

Edición en papel
ISBN: 978-84-10121-25-6

Edición ebook
ISBN: 978-84-291-9887-4 (ePub)
ISBN: 978-84-291-9888-1 (PDF)

Editores: Ariela Rodríguez/Ramón Reverté
Coordinación editorial y maquetación: Patricia Reverté
Traducción: Genís Monrabà Bueno
Revisión de textos: M.ª del Carmen García Fernández

Estimado lector, con la compra de ediciones autorizadas de este libro estás promoviendo la creatividad y favoreciendo el desarrollo cultural, la diversidad de ideas y la difusión del conocimiento. Al no reproducir, escanear ni distribuir ninguna parte de esta obra por ningún medio sin permiso estás respetando la protección del copyright y actuando como salvaguarda de las creaciones literarias y artísticas, así como de sus autores, permitiendo que Reverté Management continúe publicando libros para todos los lectores. En el caso que necesites fotocopiar o escanear algún fragmento de este libro, dirígete a CEDRO (Centro Español de Derechos Reprográficos, http://www.cedro.or). Gracias por tu colaboración.

Impreso en España – *Printed in Spain*
Depósito legal: B 10171-2025
Impresión y encuadernación: Liberdúplex
Barcelona – España

#139

## ADVERTENCIA MÉDICA

La información que se presenta en este libro es el resultado de años de experiencia práctica e investigación clínica por parte de los autores. La información en este libro es, por necesidad, de una naturaleza general y no un sustituto para la evaluación o el tratamiento por un especialista médico o psicológico competente. Si usted cree que necesita intervención médica o psicológica, por favor consulte a un profesional médico lo antes posible. Los casos en este libro son verdaderos. Los nombres y las circunstancias de muchos individuos se han cambiado para proteger la anonimidad de los pacientes.

# Contenidos

Introducción *1*

**Capítulo 1** Entender tus pensamientos negativos *5*
**Capítulo 2** Eres lo que piensas *31*
**Capítulo 3** El poder de la positividad *79*

**Apéndice A** Cómo el cuestionar 100 de tus peores pensamientos puede cambiar tu vida *117*
**Apéndice B** Versículos de la Biblia para ayudar a vencer los pensamientos negativos *133*

Notas *141*

Sobre el doctor Daniel G. Amen *151*

# Introducción

*Un pensamiento es inofensivo a menos que lo creamos cierto.
Lo que nos hace sufrir no son nuestros pensamientos,
sino nuestro apego a ellos. Aferrarse a un pensamiento significa
creer que es cierto sin cuestionarlo. Y una creencia es un pensamiento
que hemos dado por sentado durante muchos años.*

**BYRON KATIE**, *Amar lo que es:
cuatro preguntas que pueden cambiar tu vida.*

SEGÚN UN ESTUDIO LLEVADO A CABO por Microsoft en 2015, la capacidad de atención del ser humano es de ocho segundos.[1] Se estima que la capacidad de atención de una carpa dorada es de nueve segundos. El desarrollo humano, pues, parece haber tomado un camino equivocado. Con la tecnología actual minando nuestra capacidad de atención y orientando nuestras mentes hacia los deseos de las grandes empresas, redirigir los hábitos del pensamiento al aquí y el ahora es una habilidad esencial para alcanzar la felicidad y los objetivos que nos marquemos. La adicción a las aplicaciones refuerza esa vieja tendencia del cerebro humano a la dispersión, y a ser dominado por la negatividad y el miedo. Para colmo, también nos hace sentir peor.[2] De hecho, quienes pasan más tiempo frente a una pantalla (ya sea con la televisión, el teléfono móvil o los videojuegos) tienden a experimentar menores niveles de felicidad.

Este tipo de hábitos pueden desembocar en la conocida como *mente de mono*, un término que describe una mente dominada por la inquietud, la preocupación, las dudas y el descontrol. Siddhartha Gautama (Buda) acuñó la expresión en el siglo VI d. C., pero estaremos de acuerdo en que se trata de un fenómeno de rabiosa actualidad. El propio Buda dijo: «Como un mono que se desplaza por el bosque agarrando una rama para luego soltarla y sujetarse en otra, así también lo que llamamos pensamiento, mente o conciencia aparece y desaparece de forma constante durante el día y la noche».

Los pensamientos que *tú permites* circular una y otra vez en tu mente van trazando surcos o caminos en el cerebro que les permiten dominar y controlar tu vida con más facilidad.

Por suerte, no hay razón para que te sientas mal cuando no todo salga a pedir de boca. Puedes, en cambio, aprender a generar pensamientos positivos de manera sistemática, con independencia de tu edad, tu nivel de ingresos o tu situación personal.

Como psiquiatra, he escrito sobre la ansiedad, la depresión, el trastorno bipolar, el trastorno por déficit de atención e hiperactividad (TDAH), el envejecimiento, la violencia, la obesidad, la pérdida de memoria, el amor, la crianza y otros asuntos humanos fundamentales. Sin embargo, tras los motivos que esgrime la mayoría de las personas que acuden a las Clínicas Amen está el hecho de que son infelices. Por tanto, intentar que la gente sea feliz cada día es el secreto para que alcancen y mantengan su salud mental y física.

Numerosas investigaciones han demostrado que la felicidad se asocia con una frecuencia cardiaca más baja, menor presión arterial y una mejor salud cardiaca. Las personas felices contraen menos infecciones, presentan menores niveles de cortisol (la hormona del estrés), así como menos achaques y dolores. También suelen gozar de una mayor esperanza de vida, mejores relaciones y más éxito en su carrera. Además, la felicidad es contagiosa, porque las personas felices suelen fomentar la felicidad en los demás.

Uno de mis vídeos preferidos, que recomiendo a todos mis pacientes, es del programa de Dennis Prager. En «Why Be Happy?» (en español, «¿Por qué debería ser feliz?»), este presentador propone que la felicidad es una obligación moral. Dennis dice:

«Si eres feliz o no, y, más importante aún, si actúas como una persona feliz o no, tiene que ver con el altruismo, no con el egoísmo, porque se trata de la influencia que ejercemos en la vida de los demás. Pregúntale a cualquiera al que haya criado un padre o una madre infeliz si la felicidad es una cuestión moral, y te aseguro que la respuesta será un rotundo *sí*. No es agradable crecer con una familia infeliz, ni casarse con una persona infeliz, ni ser madre o padre de un hijo infeliz, ni trabajar con un colega infeliz».[3]

A lo largo de los siguientes capítulos, pretendo mostrarte cómo identificar, entender y dominar los pensamientos negativos que están destruyendo tu felicidad, y te enseñaré además cómo controlar tu cerebro para concentrarte en los positivos y mejorar tu calidad de vida.

¿Estamos preparados? Perfecto. Vamos allá.

CAPÍTULO 1

# ENTENDER TUS PENSAMIENTOS NEGATIVOS

*Los pensamientos oscuros que surgen en tu cabeza no son «tú», son mensajes fraudulentos de tu cerebro. Y como tú no eres tu cerebro, no tienes por qué hacerles caso.*

**JEFFREY M. SCHWARTZ,**
autor de *You Are Not Your Brain* (No eres tu cerebro).

HABÍA SIDO UN DÍA MUY DURO en la oficina: atendí a cuatro pacientes con tendencias suicidas, a dos adolescentes que habían huido de casa y a dos parejas que se detestaban. Y, para colmo de males, nada más llegar a casa me encontré la cocina infestada: había bichos por todas partes; salían por los agujeros de los enchufes y por los intersticios de las baldosas del suelo y la pared. Incluso hallé hormigas en las cajas de cereales de la despensa. Las obras del vecindario habían removido la tierra y las hormigas andaban buscando un nuevo hogar. Al parecer, había corrido la voz de que mi casa era un buen lugar.

Mientras empezaba a deshacerme de la horda de hormigas con trapos húmedos me vino a la cabeza el acrónimo «ANT» (Automatic Negative Thought; en inglés, «ANT» significa hormiga; en español el acrónimo de pensamientos negativos automáticos es PNA). Los acrónimos han formado parte de mi vida desde que estaba en la facultad de Medicina: me ayudaron, por ejemplo, a memorizar los más de 50.000 nuevos términos que debía aprender. Mientras pensaba en mis pacientes ese día, me di cuenta de que, al igual que mi cocina, ellos también estaban infestados de «ANT» que les robaban la alegría y la felicidad. Me vino a la mente una imagen extraña: hormigas desplazándose por sus cabezas y saliéndoles de los ojos, narices y oídos.

Los pensamientos negativos automáticos (PNA) pretendían instalarse en la mente de mis pacientes. Al día siguiente llevé un espray de insecticida a la consulta y lo coloqué en mi mesa. Cuando comencé a hablar del concepto a mis pacientes, lo entendieron enseguida.

Plantéate los pensamientos negativos automáticos como si fueran hormigas que molestan a una pareja en medio de un romántico

*Los PNA son pensamientos que se presentan en tu mente sin ser invitados; te provocan malestar, tristeza, preocupación o disgusto. ¡Y la mayoría de las veces ni siquiera son reales!*

pícnic. Un pensamiento negativo, como una hormiga en un pícnic, no es un gran problema; dos o tres pensamientos negativos automáticos, como dos o tres hormigas en un pícnic, se vuelven un poco más molestos; veinte o treinta pensamientos negativos automáticos, igual que veinte o treinta hormigas en un pícnic, pueden hacer que la pareja decida levantarse e irse. Si permitimos que los PNA permanezcan en nuestra cabeza, se reproducirán con rapidez y es probable que conduzcan al fracaso escolar, la ansiedad, la depresión, la ira, los problemas laborales, los conflictos en las relaciones e incluso la obesidad.

## *Los nueve tipos de PNA*

Hace unos diez años, los padres de Marcus, un adolescente de catorce años, acudieron a mí porque su hijo estaba sufriendo dificultades tanto de carácter como en los estudios. En su anterior centro escolar, Marcus «apenas tenía que esforzarse» para sacar buenas notas, pero al cambiar de centro por motivos deportivos se enfrentó a un nivel académico más exigente y desafiante, lo que provocó una caída en picado de sus calificaciones. Presentaba problemas para concentrarse, se distraía con facilidad, procrastinaba y tardaba más que nunca en hacer los deberes. Otro psiquiatra le había diagnosticado trastorno por déficit de atención e hiperactividad (TDAH), pero los medicamentos estimulantes, como el Ritalin y el Adderall, lo llevaban a un estado de irritación y depresión, y por primera vez comenzó a experimentar pensamientos suicidas.

Al conocer a Marcus, me pareció evidente que se estaba enfrentando a muchos pensamientos negativos. Se llamaba a sí mismo estúpido una y otra vez, y solo en la primera sesión soltó las siguientes frases:

«Odio la escuela».
«Nunca seré tan bueno como los demás chicos».
«Soy una persona horrible».
«Debería esforzarme más en la escuela».
«No soy tan listo como los otros chicos».
«No podré ir a la universidad».
«Soy un fracasado».
«Los profesores me odian».
«Es culpa de mis padres».

A lo largo de los años, los terapeutas han identificado nueve tipos de patrones de pensamiento negativo que desequilibran la mente. Poseen diversos nombres, pero los siguientes son los que prefiero utilizar:

1. PNA de «todo o nada».
2. PNA de «menos que».

3. PNA de «solo lo malo».

4. PNA de culpa.

5. PNA de poner etiquetas.

6. PNA de predicción del futuro.

7. PNA de «leer el pensamiento».

8. PNA de «si hubiera…» o «seré feliz cuando…».

9. PNA de «echar la culpa».

Bien, pues a lo largo de nuestra conversación Marcus reveló todos y cada uno de estos patrones. Echémosles un vistazo más detallado.

**PNA de «todo o nada»**. Cuando Marcus me dijo: «Nunca seré tan bueno como los demás chicos», eso fue un ejemplo de PNA de «todo o nada». Estos astutos PNA se manifiestan siempre que piensas que las cosas solo pueden ser buenas o malas. Nunca usan palabras como «a veces» o «quizá». Estos PNA piensan en unos términos absolutos tales que convierten las situaciones en perfectas o nefastas. También se los llama pensamientos «de blanco o negro», porque dividen la realidad en claro y oscuro, o bueno y malo, sin reconocer las complejidades, ambigüedades y matices que en verdad presenta.

Si piensas en términos como *todo, todos, nadie, nada, siempre* o *nunca* es porque este tipo de PNA está al acecho. Ataca cuando crees que las cosas son buenas o malas en términos absolutos, que solo existen amigos y enemigos, que un día únicamente puede ser perfecto o funesto, que eres una persona triunfadora o un completo fracaso. Este tipo de pensamientos te cuentan que es ahora o nunca, que todo lo que no es positivo es negativo, que si no eres una belleza eres un adefesio, que solo puedes querer u odiar a los demás.

Una vez vi el programa de televisión *The Biggest Loser* (*Perder para ganar*). El segundo clasificado había perdido más de 50 kilos, pero seguía viéndose como un fracasado porque no había ganado el primer premio. A pesar de haber superado a numerosos concursantes y haber adelgazado el equivalente al peso de un adulto, le reconcomía la decepción.

Los PNA de «todo o nada» emiten juicios bien definidos, tajantes e inflexibles basados en mentiras o en verdades a medias; reducen los conceptos complejos a una lucha de opuestos: buenos o malos. En un primer momento, estos PNA te proporcionan cierto bienestar al permitirte encajar a personas o hechos en categorías simples. Basta con entrar en cualquier web de noticias políticas para ser testigo de cómo cada analista coloca al bando contrario en la categoría de *malo*.

Es sencillo identificar a las personas que piensan en términos de todo o nada: solo ven un lado de la situación, ignoran las evidencias contrarias y discuten con fervor con quienes no comparten su punto de vista. Además, este odioso patrón de pensamiento nubla el juicio, fomenta la toma de malas decisiones, reduce la capacidad de comprender el mundo, arruina relaciones y limita las posibles soluciones a los problemas.

Para muestra, un botón: en las Clínicas Amen llevamos a cabo el primer y más amplio estudio sobre jugadores de la NFL, tanto en activo como retirados. En él descubrimos que más de la mitad de los exjugadores eran obesos, lo cual es muy perjudicial para el cerebro. Por ello, organizamos un programa de pérdida de peso dirigido a deportistas. Uno de los participantes, que tenía obesidad, me dijo que su problema era que simplemente no le gustaba ningún alimento saludable. «¿Estás seguro? —le pregunté—. ¿No te gusta ninguno?». Luego le mostré una lista de 50 alimentos beneficiosos para el cerebro y, para su sorpresa, en realidad le agradaba cerca del 60 % de ellos. Sus pensamientos de *todo o nada* estaban dictando sus preferencias alimentarias y contribuyendo a su aumento de peso. Otro ejemplo: durante el confinamiento por la pandemia de COVID-19, oí innumerables PNA de *todo o nada*, tanto de mis pacientes como de usuarios en las redes sociales.

Aquí te presento algunos de los más comunes, incluidos los que surgieron con mayor frecuencia en la pandemia:

> «Me están arrebatando todas mis libertades durante la pandemia».
> «Todo el mundo va a contagiarse de COVID-19».
> «No soy un buen padre / una buena madre».
> «No le importo a nadie».
> «Nada me sale bien».
> «Soy un fracaso absoluto».
> «No soy buen cristiano/a».
> «Mi jefe se está aprovechando de mí».
> «Mi pareja es el mismo demonio».
> «Tuvimos una gran discusión. Nuestra relación ha terminado».
> «No puedo salir a correr. Nunca seré deportista y es mejor no hacer más ejercicio».
> «No quiero hablar con nadie nunca más».
> «Mi pareja nunca me escucha».
> «Pensé que había hecho un buen informe, pero mi jefe me pidió algunos cambios. No hago nada bien».
> «Me aburre todo; no hay nada que hacer».

**PNA de «solo lo malo»**. «Odio la escuela» es un buen ejemplo de PNA de «solo lo malo» de Marcus. Hace miles de años, la mente humana se centraba en lo negativo porque eso nos permitía mantenernos a salvo de los peligros. Hoy en día, aunque tigres, leones y osos ya no nos acechan, nuestro cerebro sigue programado para detectar primero el peligro, antes de identificar cualquier aspecto positivo.

Aprovechando esta tendencia a la negatividad, los publicistas de internet nos bombardean con un flujo continuo de noticias negativas para incrementar los clics y el tráfico hacia sus sitios web. ¿Has notado que las noticias de última hora son constantes y nunca son buenas? Nuestra sociedad nos invade con PNA de «solo lo malo». Este tipo de molestos pensamientos ven solo la parte negativa de una situación e ignoran lo positivo. Si no gestionas tu consumo de internet, te encontrarás en medio de una maraña de noticias perturbadoras sobre atentados terroristas, escándalos políticos, incendios, inundaciones, huracanes, tiroteos masivos, asesinatos, suicidios, ejecuciones y mucho más. Las malas noticias venden, y, como siempre nos están vendiendo algo para su beneficio económico, nos sumen en un torrente de pensamientos tóxicos.

Los PNA de «solo lo malo» también hacen especial hincapié en tus errores y problemas; te inundan la mente con sentimientos de fracaso, frustración, tristeza y miedo. Estos PNA pueden convertir cualquier experiencia positiva en una oportunidad para sembrar negatividad. Son el juez, el jurado y el verdugo de cualquier nueva experiencia, relación o hábito.

Concentrarse en lo negativo libera sustancias químicas en el cerebro que provocan malestar y reducen la actividad en el córtex prefrontal, la zona responsable del autocontrol, el juicio y la planificación. Esto incrementa las probabilidades de tomar decisiones equivocadas, como pedir otra ronda de cervezas, devorar una bolsa de patatas fritas o quedarte hasta tarde mirando tus redes sociales, lo que te agota y te genera la necesidad de consumir cafeína para afrontar el siguiente día.

Algunos ejemplos de PNA de «solo lo malo» son pensamientos de este tipo:

*«El mundo es más peligroso que nunca».*
*«Fui al gimnasio y entrené bastante, pero el tipo de la bici de al lado no paró de hablar. No pienso volver».*
*«Hice una presentación en el trabajo y, aunque mucha gente me dijo que le encantó, una se quedó dormida*

*durante mi charla, así que debe de haber sido realmente horrible».*

*«He entrado en la universidad, pero no en la carrera que quería. Soy un auténtico fracaso».*

*«La economía nunca va a mejorar».*

*«Siempre amo a personas que no me corresponden».*

*«Me encontré con una vieja amiga, pero llegó diez minutos tarde a nuestra cita para almorzar, así que no la volveré a llamar».*

*«Logré reducir el consumo de cafeína, pero mi objetivo era dejarlo del todo. Debería parar de intentarlo».*

*«Llegué a nuestra casa de vacaciones una hora tarde y las luces estaban apagadas. ¡Qué desastre!»*

*«Mi álbum solo alcanzó el segundo puesto en la lista Billboard; es decepcionante».*

*«Nuestro equipo de béisbol de la liga local terminó en segundo lugar; toda la temporada fue una pérdida de tiempo».*

*«Mi hijo sacó cuatro sobresalientes, pero también dos notables. Menuda decepción».*

*«He sido constante con la dieta toda la semana, pero como hice trampa el viernes nada ha valido la pena».*

**PNA de culpa**. El origen de los pensamientos de culpa se halla en los reproches morales que recibiste de ciertas figuras de autoridad como padres o maestros: «Deberías haber hecho eso»; «Tienes que hacer esto»; «No debes volver a pensar así jamás». Cada vez que usas palabras como *debería, tendría que, debo* o *no puedo*, tu cerebro te está castigando con culpa.

Me crie en un entorno católico y asistí a escuelas parroquiales hasta noveno grado; podría decirse que soy toda una eminencia en este tema. Lo cierto es que los *deberías* y *no deberías* eran parte del día a día. Por supuesto, algunas de estas normas tienen su valor, pero en mis más de treinta años como psiquiatra he comprobado que la culpa rara vez es un motor eficaz para el cambio. De hecho, suele ser contraproducente y un obstáculo para alcanzar los objetivos que uno se plantea.

Por ejemplo, cuando Marcus me decía que «debería esforzarse más en la escuela», esa declaración no lo ayudaba a mejorar. Al contrario, para él, cuanto más se esforzaba, peor le iba.

A continuación presentamos algunos ejemplos de PNA de culpa:

*«No soy buen hijo, porque no llamo a mi padre.*
*Debería hacerlo mejor».*

*«Tendría que hacer más videollamadas por Zoom o FaceTime con mis padres».*
*«He de dejar de tomar azúcar».*
*«Debo empezar a contar las calorías que consumo».*
*«Tendría que hacer más ejercicio».*
*«Debería actuar con más generosidad».*
*«Me avergüenzo de las experiencias sexuales que tuve en mi preadolescencia. No debería haber hecho esas cosas».*
*«Mis problemas son culpa mía. Debería ser mejor».*
(Este también es un PNA de «echar la culpa»).
*«Soy egoísta por pedir ayuda. No debería necesitarla».*
(Este también es un PNA de poner etiquetas).
*«Debería dimitir, porque todos los problemas que hay en el trabajo son por mi culpa».* (Este también es un PNA de «echar la culpa»).
*«Me siento culpable por tomarme tiempo para mí».*
*«Debería ser capaz de superar esta depresión sin medicación».*
*«No debería haber aceptado este nuevo trabajo».*
*«Debo mejorar en la escuela».*
*«Debería ser mejor como pareja».*

**PNA de poner etiquetas.** Cada vez que etiquetas a alguien (incluyéndote a ti) con un término negativo, limitas tu capacidad de analizar la situación con objetividad. Cuando Marcus pensó: *soy un idiota*, se situó en la misma categoría que todas las personas a las que alguna vez consideró idiotas; esto debilitó su autoestima y frenó su desarrollo. Los PNA de poner etiquetas refuerzan patrones negativos en el cerebro, volviendo esas conexiones más profundas y rígidas. Con el tiempo, estas rutas mentales arraigadas conducen a comportamientos perjudiciales. Por ejemplo, si te dices: «Soy una persona perezosa», es probable que pierdas la motivación para esforzarte en los estudios o en el trabajo. Y es que este tipo de pensamiento te empuja a tirar la toalla antes de intentarlo, y te atrapa en viejos hábitos. Algunos ejemplos de PNA de poner etiquetas son:

*«Ese es un idiota».*
*«Soy perezoso por naturaleza».*
*«Soy una perdedora».*
*«Ella es una persona fría».*
*«Soy un mal empresario».*
*«Hablo como una tonta».*
*«Estoy gordo».*
*«Soy mala persona porque le hice daño a un gato a los ocho años».*
*«Soy egoísta».*
*«Ella es débil».*

*«Soy raro».*
*«Eres demasiado ingenuo».*
*«Eres una mala hija».*
*«Es un narcisista».*

El problema con los PNA de poner etiquetas es que te convencen de que los cambios son imposibles, como si tu identidad estuviera fijada y no fueras capaz de evolucionar.

Incluso las etiquetas positivas pueden ser perjudiciales. Siempre aconsejo a los padres que, en lugar de elogiar a sus hijos por ser inteligentes, les reconozcan su esfuerzo. Cuando a un niño se le dice que es inteligente, puede volverse dependiente de ese atributo y asumir que la inteligencia es algo inmutable. De ese modo, si se enfrenta a una tarea difícil es posible que, al no obtener resultados inmediatos, se sienta menos inteligente y se rinda. En cambio, si se le elogia por su dedicación, cuando se tope con un desafío persistirá, porque se identifica como alguien que sabe esforzarse.

**PNA de predicción del futuro**. ¡No se te ocurra hacer caso a estos mentirosos PNA! Estos pensamientos creen que pueden predecir el futuro, pero lo único que hacen es inventar ocurrencias descabelladas que te provocan malestar. Se te meten en la cabeza y proyectan tus miedos en el futuro. Es cierto que no está de más prepararte por si vienen mal dadas, pero también lo es que si pones toda tu atención en un futuro temible acabarás con la ansiedad por las nubes. Y la ansiedad de Marcus era fruto, en parte, de PNA de predicción del futuro como «suspenderé el curso» o «no llegaré a la universidad».

Aquí tienes otros ejemplos de pensamientos de este charlatán:

*«Nada volverá a ser "normal" después de la pandemia».*
*«Todo irá de mal en peor».*
*«Nunca voy a encontrar trabajo».*
*«La inflación no volverá a bajar».*
*«Enfermaré y moriré».*
*«Terminaré viviendo en la calle».*
*«Mis hijos heredarán mis problemas de salud mental».*
*«Sin él (o ella) moriré».*
*«Si hago esa presentación, sufriré un ataque de pánico».*
*«Ninguna de mis inversiones dará frutos».*
*«Haré el ridículo al hablar».*
*«Nunca podré comprarme una casa».*
*«No volveré a hacer ejercicio jamás».*
*«Nunca se me dará bien hablar en público».*
*«Mi amigo se quitó la vida; mi destino es el mismo».*
*«Seré mejor madre (o padre) si me quito de en medio».*

Proyectar el peor escenario en una situación provoca un incremento inmediato de la frecuencia cardíaca y respiratoria, y esto suele generar ansiedad. También puede desencadenar otros efectos, como antojos de azúcar o carbohidratos refinados, o generarte la necesidad de comer para calmar la ansiedad. Lo peor de los PNA de proyección de futuro es que, como la mente es muy poderosa, pueden convertir tus miedos en realidad. Por ejemplo, si temes torcerte el tobillo, este pensamiento es capaz de desactivar las funciones del cerebelo y, en consecuencia, volverte más torpe, con lo que tendrás más probabilidades de lesionarte. Del mismo modo, si sabes con seguridad que no pasarás una buena noche o que no encontrarás pareja, tendrás menos probabilidades de adoptar las conductas que te permitirían arreglar esa situación.

**PNA de «leer el pensamiento».** Estos PNA te convencen de que eres capaz de penetrar en la mente ajena y saber lo que otros piensan. Te dicen cosas como «todo el mundo me odia» o «me están tomando el pelo». Siempre que tienes la seguridad de saber lo que piensan los demás, sin que te lo hayan dicho ni lo hayas preguntado, estás alimentando este tipo de pensamientos. Cuando Marcus decía: «Los profesores me odian», estaba permitiendo que estos PNA lo atormentaran. Llevo 25 años en el mundo educativo, y soy incapaz de saber lo que piensa otra persona a menos que me lo diga. Si alguien te mira de soslayo, eso no implica que esté hablando de ti o que no te soporte. Me gusta recordar a mis pacientes que si alguien les mira mal puede ser porque está acatarrado. ¡Nunca lo puedes saber!

Procuro, asimismo, compartir con mis pacientes la «Regla 18-40-60»: cuando tienes 18 años, te preocupa lo que todo el mundo piense sobre ti; a los cuarenta, te da igual lo que piensen de ti; y a los 60 te das cuenta de que los demás no han pensado en ti en absoluto. La gente dedica todo su tiempo a preocuparse y pensar sobre sí misma, no sobre ti. Así que deja de intentar leerles la mente. Los siguientes son algunos ejemplos de este tipo de PNA:

*«Mi padre cree que soy débil».*
*«No le caigo bien a mi jefe».*
*«La gente piensa que tengo miedo porque uso mascarilla en público».*
*«Mis amigos creen que no podré seguirles el ritmo en esta caminata».*
*«Mi madre piensa que nunca llegaré a ser alguien».*
*«La gente cree que soy tonto».*
*«Piensan que me estoy tratando la depresión solo para llamar la atención».*

*«Mis colegas del trabajo no se preocupan por mí».*
*«Si me muero no le importará a nadie».*
*«Todo el mundo está decepcionado conmigo».*
*«Mi madre cree que no estoy a la altura de mis hermanos».*
*«Defraudo a todas las personas de mi entorno».*
*«Mi pareja preferiría estar con otra persona».*
*«No le importo nada a mi terapeuta».*
*«Él piensa que todos los demás son idiotas».*

**PNA de «echar la culpa».** Cuando Marcus me dijo: «Es culpa de mis padres por no dejarme abandonar antes los estudios», estaba dejando que los PNA de «echar la culpa» tomaran el control de su cerebro. Este tipo de PNA siempre usa el mismo sonsonete: «¡Yo no he sido! ¡Ha sido él! ¡No es culpa mía! ¡Es culpa tuya!». Estos PNA no quieren que admitas tus errores o aprendas a solventar tus problemas; prefieren que seas siempre la víctima. De entre todos los PNA, este quizá sea el más dañino, porque no solo te arrebata la felicidad, sino que se apodera de toda tu fuerza. Cuando echas la culpa a alguien por los problemas de tu vida te conviertes en una víctima de las circunstancias que no es capaz de hacer nada para remediar la situación.

Además, sacudirte la culpa es el primer paso para caer en un círculo vicioso como este:

Echas la culpa a los demás
«Es culpa tuya.»

Crees que la vida está fuera de tu control
«Mi vida sería mejor si no fuera por…»

Te ves como víctima de las circunstancias
«Si eso no hubiera pasado, todo sería diferente.»
↓
Te rindes antes de intentarlo
«Nada me sale bien. ¿Para qué molestarse?»

Echar la culpa a los demás alivia de forma temporal el sentimiento de culpa y te libra de asumir la responsabilidad. Sin embargo, también refuerza la idea de que la vida se escapa a tu control y que los demás determinan cómo te sientes.

Los psiquiatras han sabido durante mucho tiempo que los pacientes que muestran peores progresos en una terapia son quienes no asumen ninguna responsabilidad personal en su proceso de recuperación. De hecho, ya en 1927 Freud consideraba que uno de los principales objetivos de la terapia es incrementar el sentido de responsabilidad personal en los pacientes. El doctor Carl Rogers incluso desarrolló una escala de «responsabilidad personal» para predecir quiénes mejorarían con el tratamiento y quiénes no.

Sé honesta u honesto contigo y pregúntate si tienes tendencia a decir cosas como las siguientes:

«La culpa de que el coronavirus se siguiera propagando es de "ellos"».
«Suspendí por tu culpa. No me ayudaste lo suficiente».
«No es culpa mía que coma de más; mi madre me enseñó a no dejar nada en el plato».
«No puedo cumplir el plazo porque el cliente cambia de opinión todo el tiempo. Estoy hasta las narices. ¡Es culpa suya!».
«Mi pareja no llamó a tiempo y ahora ya es tarde para ver la película que quería. ¡Me fastidió la noche!».
«Mi pareja no me advirtió de la mala decisión que tomé en el trabajo».
«Si no me ascendieron fue por culpa de mi jefe».
«Es culpa de mi hijo».
«Si mi hija suspende, es culpa del maestro».

«No es culpa mía no haberme preparado para la reunión. Nunca avisan con tiempo suficiente».

«Eso no habría pasado si me hubieras tratado mejor».

«¿Cómo iba a saber que el jefe quería los informes en dos días? Tendría que habérmelo dicho».

«Si era tan importante, ¿por qué no me lo recordaste?».

«Ese no es mi problema».

Empezar una frase con «es culpa tuya que...» puede, literalmente, arruinarte la vida. Los PNA de «echar la culpa» te convierten en víctima, y cuando eres una víctima no tienes el poder para cambiar tu comportamiento.

**PNA de «menos que».** Este PNA es uno de los más tóxicos para tu autoestima. Siempre que te comparas con los demás de forma negativa, estos PNA te hacen picadillo. De la mano de las redes sociales, poseen parte de la responsabilidad por la creciente epidemia de depresiones y suicidios en adolescentes. Y es que muchos pasan varias horas al día comparando su vida y su apariencia con una versión idealizada de los demás. Los padres, a su vez, pueden generar expectativas poco realistas y presionar a sus hijos para que estén a la altura de lo que ven en internet.

El comentario de Marcus, «no soy tan inteligente como los demás», es un claro ejemplo del pensamiento de «no soy suficiente».

Los PNA de «menos que» son fáciles de detectar porque, como en la frase de Marcus, suelen empezar con las palabras «no soy...».

*«No soy lo bastante bueno».*
*«No soy lo bastante buena madre».*
*«No soy un buen hijo».*
*«No soy lo bastante buena como pareja».*
*«No soy un buen jefe ni un buen subordinado».*
*«No soy un buen cristiano».*
*«No soy una buena inversora».*
*«No soy lo bastante inteligente».*
*«No tengo suficiente dinero».*
*«No soy lo bastante alta».*
*«No soy lo bastante fuerte».*
*«No soy lo bastante guapo».*
*«No soy tan graciosa como debería».*
*«No soy lo bastante amable».*

Si te pasas la vida compitiendo y comparándote con los demás, tu autoestima sufrirá y terminarás sintiendo una gran amargura y frustración. En cambio, si te enfocas en superarte serás capaz de corregir tus errores e irás a mejor cada día. El problema es que solemos comparar nuestra *vida doméstica* con la *versión tuneada* de la vida de los demás en internet.

Cuando era un joven psiquiatra, nada más terminar la facultad, me di cuenta de algo impactante: muchas personas que parecían tenerlo todo (un matrimonio sólido, hijos ejemplares, una carrera exitosa) llegaban a mi consulta con graves problemas a sus espaldas. Había quien se enfrentaba a adicciones, otros confesaban infidelidades, y me encontré también con madres y padres angustiados porque sus hijos empezaban a delinquir. Me encontré con progenitores con antecedentes penales, a un sacerdote que había perdido la fe y muchas historias que desmentían la imagen que proyectaban al mundo. Fue una lección de incalculable valor: aprendí que casi nadie es como aparenta ser. A lo largo de mi carrera, he tenido el privilegio de tratar a senadores, actores y actrices premiados, deportistas con un lugar en el Salón de la Fama, músicos con premios Grammy, líderes empresariales y pastores de importantes iglesias. Pero, a pesar de su éxito, se enfrentan a las mismas dudas, inseguridades y luchas que el resto de la gente.

Cuando permites que los PNA de «menos que» te arrebaten la felicidad, dejas de valorar tus éxitos, te resientes por los logros de tus seres queridos y te dan envidia los demás.

**PNA de «si hubiera…» o «seré feliz cuando…».** Una vez oí a Byron Katie decir a su público: «Cada vez que te enfrentas a la realidad, se abren las puertas del infierno». He compartido esta frase muchas veces con mis pacientes. Pasar el tiempo lamentándote por hechos del pasado que no puedes cambiar solo genera dolor y frustración constantes. El arrepentimiento se presenta en pensamientos del tipo «si hubiera…» (para los reproches respecto al pasado) y «seré feliz cuando…» (para los que tienen que ver con el presente). Estas frases alimentan pensamientos autodestructivos porque te sacan del momento presente. La otra cara del arrepentimiento es la insatisfacción con el presente y la esperanza en un futuro distinto. Marcus creía que todos sus problemas podrían haberse evitado si no hubiera cambiado de centro educativo. Otros ejemplos de estos PNA son:

> *«Si hubiera vendido mis acciones antes de que la economía se viniera abajo…».*
> *«Si mis padres hubieran sido ricos…».*
> *«Si fuera más alto/delgado/guapo…».*
> *«Si hubiera terminado mis estudios…».*

*«Si no hubiera cometido ese error...».*
*«Si hubiera dejado de beber antes...».*
*«Seré más feliz cuando me jubile».*
*«Seré más feliz cuando él/ella acepte casarse conmigo».*
*«Seré más feliz cuando acabe el proceso de divorcio».*
*«Seré más feliz cuando tenga hijos».*
*«Seré más feliz cuando los niños crezcan y ya no estén bajo mi cuidado».*
*«Seré más feliz cuando me gradúe en la universidad».*
*«Seré más feliz cuando consiga ese ascenso».*
*«Seré más feliz cuando adelgace 10 kilos».*

Si no se controlan, estos PNA pueden arruinar tus relaciones, tu autoestima y, con el tiempo, tu vida.

La buena noticia es que puedes aprender a eliminar este tipo de pensamientos y reemplazarlos por otros más constructivos, que te ofrezcan una visión más realista y justa de cualquier situación. No se trata de formular un pensamiento positivo que ignore la realidad, sino de pensar de manera honesta y precisa. En el próximo capítulo te explicaré cómo hacerlo, pero ten calma: con algo de práctica, aprenderás a erradicar esta plaga y a vivir una vida más feliz y saludable.

CAPÍTULO 2

# ERES LO QUE PIENSAS

*Aquello que piensas es lo que sientes.*
*Aquello que sientes determina cómo actúas.*
*Y aquello que haces es lo que tienes.*

**JOSEPH McCLENDON III,**
autor de *Get Happy Now!*

CUANDO ERA UN JOVEN PSIQUIATRA UTILIZABA una técnica llamada *biofeedback* para comprender y tratar a mis pacientes. Esta técnica emplea diversos instrumentos para medir la temperatura de las manos, la actividad de las glándulas sudoríparas, la tensión muscular, la frecuencia respiratoria y cardíaca, y los patrones de ondas cerebrales. Al descubrir cómo reacciona un cuerpo frente al estrés podemos enseñar métodos para calmarlo. Tanto tu mente consciente como tu inconsciente expresan aspiraciones, preocupaciones, miedos, estrés, amor, alegría, odio y felicidad a través de las respuestas de tu cuerpo. A partir de esta información, he desarrollado un ejercicio de asociación de palabras para saber cómo responde el cuerpo de mis pacientes a ciertos términos y conceptos. Les conecto los aparatos de *biofeedback* (como si se tratara de un detector de mentiras) y luego les pregunto qué opinan sobre ciertas palabras. Algunas son inocuas, como *teléfono*, *libro* o *sujetapapeles*, y otras cuentan con más significados emocionales, como *madre*, *padre*, *familia*, *trabajo*, *hijos* o *pareja*.

La mayoría de la gente apenas muestra leves reacciones emocionales a las palabras inocuas, pero con las que tienen carga emocional sí manifiestan reacciones más severas. Por ejemplo, si digo *baloncesto* o *tren*, los instrumentos de medición del *biofeedback* muestran pocos cambios (a menos que haya alguien que adore el baloncesto o coleccione trenes en miniatura). Sin embargo, cuando pronuncio palabras como *padre* o *madre* hay cambios sustanciales. Si *madre* es un concepto positivo en la vida de una persona —como ocurre en mi caso— los registros indican cambios positivos: la frecuencia cardíaca y la respiratoria disminuyen, los músculos se relajan y las manos no traspiran. Si la palabra *madre*, en cambio, está asociada con recuerdos dolorosos o estresantes, los registros muestran datos menos halagüeños: la frecuencia cardíaca y la respiratoria se incrementan, la musculatura se tensa y las manos empiezan a sudar y a estar más frías.

Gracias al *biofeedback* he aprendido que el cerebro escucha y reacciona a todos los pensamientos que te pasan por la cabeza, en especial los estresantes y los positivos. Los miles de pensamientos que te recorren la mente cada día son fruto de innumerables factores, como experiencias pasadas, percepciones sensoriales, sueños, lo que has comido hace unas horas o la salud de tu flora intestinal. Los pensamientos negativos hacen que tu cerebro segregue sustancias químicas que afectan a todas las células del cuerpo y te provocan malestar. Pero lo contrario también ocurre: los pensamientos positivos, alegres y esperanzadores desencadenan la segregación de sustancias que generan bienestar. Además, tus patrones de pensamiento pueden provocar efectos a largo plazo. Los resultados de un estudio de neuroimagen publicado en *Alzheimer's & Dementia* en 2020 sugieren que el pensamiento negativo repetitivo podría contribuir a la acumulación de depósitos dañinos en el cerebro, similares a los observados en personas con alzhéimer, y aumentar el riesgo de desarrollar demencia.[1]

Los pensamientos son automáticos, se limitan a manifestarse. Y el simple hecho de generar un pensamiento no implica que este sea verdad. Porque los pensamientos saben mentir; mienten mucho, de hecho. Y los que no cuestionas ni analizas son los que te arrebatan

> *El simple hecho de pensar algo no implica que sea verdad.*

la felicidad. Si no pones en cuarentena o corriges tus pensamientos erróneos, entonces los validas y, como consecuencia, actúas como si fueran ciertos. Por ejemplo, si pienso: *Mi mujer nunca me escucha cuando hablo*, sentiré tristeza, soledad y, tal vez, irritación. Y si nunca pongo en duda este pensamiento negativo, aunque no sea cierto, actuaré en consecuencia y me permitiré estar molesto con ella, aumentando las probabilidades de que no quiera escucharme cuando hablo. En definitiva, creer cada uno de tus pensamientos es una receta infalible para padecer ansiedad, depresión, problemas relacionales y enfermedades crónicas. Debes protegerte de esos pensamientos negativos que pretenden robarte la felicidad. Y para ello es necesario que aprendas a deshacerte de los PNA.

Pero antes hagamos un breve recorrido por tu cerebro, para que entiendas mejor cómo los PNA afectan no solo a tu salud emocional, sino también a tu bienestar físico y espiritual.

## INTERIOR DEL CEREBRO

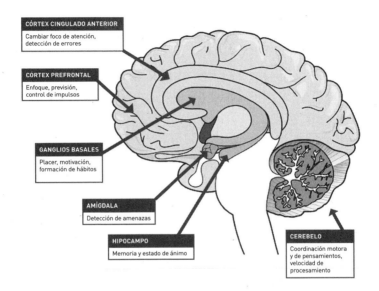

## Tu cerebro: un breve primer vistazo

Al comenzar este viaje, es fundamental familiarizarnos con seis sistemas cerebrales que son clave en tu vida. Si bien el cerebro es una estructura compleja, con muchas más partes, estos sistemas juegan un papel crucial, porque trabajan en conjunto para conformar tu estado de ánimo, ansiedad, memoria y comportamiento.

**Córtex prefrontal (CPF)**: ubicado en el tercio frontal del cerebro, la corteza o córtex prefrontal cumple un papel fundamental en las funciones ejecutivas, actuando como el director de una empresa. Estas funciones incluyen la concentración, la previsión, el juicio, la planificación, la toma de decisiones y el control de los impulsos. Cuando su actividad disminuye debido a un traumatismo craneal, a toxinas, al trastorno por déficit de atención e hiperactividad (TDAH) o a otras causas, se suelen experimentar problemas de atención, distracción, desorganización, procrastinación y conducta impulsiva. Es como si el gerente se hubiera ido de vacaciones.

**Córtex cingulado anterior (CCA)**: situado en lo más profundo de los lóbulos frontales, este sistema es fundamental para cambiar el foco de atención y detectar errores. Cuando está hiperactivo, la persona tiende a quedarse atrapada en pensamientos o comportamientos negativos, a preocuparse en exceso, a discutir demasiado y a notar demasiados errores en sí misma o en los demás.

**Amígdala**: son dos órganos con forma de almendra que se encuentran debajo de las sienes y detrás de los ojos. Hay una en cada hemisferio cerebral. La amígdala está involucrada en la regulación emocional, la detección de amenazas y la agresión. Tiende a estar hiperactiva en individuos con traumas emocionales, que siempre están alerta ante posibles peligros o padecen ansiedad social. Cuando la amígdala no se activa, en cambio, se suele experimentar menos miedo —como en el caso de los alpinistas y otros deportistas de riesgo— y la persona tiende a asumir mayores riesgos.

**Hipocampo (HC)**: su nombre en griego significa «caballo de mar» (*hippo* es caballo y *kampos*, monstruo marino) y es una estructura clave del cerebro. Posees dos hipocampos, uno en cada hemisferio, más o menos del tamaño de tus pulgares. Se encuentran en lo más profundo de los lóbulos temporales, justo detrás de las amígdalas. Forman parte del sistema emocional y juegan un papel esencial en la memoria y el estado de ánimo, influyendo en cómo experimentas la felicidad y la tristeza. Su función principal es procesar y retener información nueva, almacenándola durante varias semanas; si se refuerza, puede conservarse durante mucho más tiempo. Cuando los hipocampos sufren daños, la capacidad para formar nuevos recuerdos se ve afectada de gravedad. Un ejemplo de esto se muestra en la película *Cincuenta primeras citas*, donde Lucy (interpretada por Drew Barrymore) sufre un accidente automovilístico que le daña ambos hipocampos. Como resultado, cada noche al dormir pierde los recuerdos del día anterior. Los problemas de memoria suelen estar relacionados con una baja actividad en el hipocampo, y esta es una de las primeras áreas del cerebro afectadas por la enfermedad de Alzheimer. Sin embargo, en un entorno favorable (con una alimentación adecuada, ácidos grasos omega-3, niveles óptimos de oxígeno y flujo sanguíneo, además de estimulación mental) el hipocampo puede generar hasta 700 nuevas células madre al día, favoreciendo así la plasticidad neuronal y el aprendizaje.[2]

**Ganglios basales (GB)**: estas grandes estructuras, ubicadas en el interior del cerebro, están relacionadas con la formación de hábitos. Los ganglios basales también incluyen el núcleo *accumbens* (NA), que forma parte del sistema de recompensa y nos motiva a acercarnos al placer y alejarnos del dolor. Este núcleo responde de manera intensa a la dopamina, el neurotransmisor del bienestar, el cual juega un papel crucial en las adicciones. Y es que el núcleo *accumbens* está muy vinculado con los antojos: cuando su actividad es baja, la persona suele sentirse apagada o deprimida, lo que la hace más propensa a la adicción y al deseo de consumir sustancias que estimulen su actividad, como drogas, alcohol, sexo o alimentos altos en azúcar y calorías.

**Cerebelo**: su nombre proviene del latín y significa «pequeño cerebro». Se encuentra en la parte posterior e inferior del cerebro y, aunque solo representa el 10 % de su volumen, alberga la mitad de las neuronas de este. Juega un papel determinante en la coordinación, la velocidad de procesamiento, el razonamiento y el lenguaje.

## Los cuatro círculos de la salud y la enfermedad

Estos sistemas biológicos del cerebro representan uno de los cuatro círculos de la salud física y mental que tengo en cuenta cuando evalúo o trato a un paciente. Los mencioné por primera vez en mi libro *Change Your Brain, Change Your Life*.[3] A continuación, incluyo una breve descripción de cada uno de estos cuatro círculos.

**Círculo biológico**: se refiere a cómo funcionan los aspectos físicos de tu cuerpo y tu cerebro. Uno de los pilares fundamentales de mi trabajo es que, para mantener un funcionamiento físico saludable de tu cerebro —o recuperarlo si no está en buenas condiciones—, debes prevenir o tratar los once principales factores de riesgo que afectan a tu mente. Mi equipo creó el acrónimo BRIGHT MINDS para resumirlos: flujo sanguíneo (*Blood flow*), jubilación/envejecimiento (*Retirement/aging*), inflamación (*Inflammation*), genética (*Genetics*), traumatismo craneal (*Head trauma*), toxinas (*Toxins*), salud mental (actividad eléctrica anormal) (*Mental health*), inmunidad e infecciones (fundamental después de una pandemia) (*Inmunity*), problemas hormonales (*Neurohormones*), diabesidad (una combinación de sobrepeso y niveles elevados de azúcar en sangre) (*Diabesity*) y problemas de sueño (*Sleep disturbances*).[4] Además, el círculo biológico incluye la dieta y el ejercicio.

**Círculo psicológico:** se refiere a cómo piensas y hablas contigo mismo, así como a tu autoimagen, la percepción de tu cuerpo, los traumas emocionales que tienes, cómo fue tu crianza y los acontecimientos significativos que haya en tu vida. Los PNA afectan a tu salud psicológica cuando se dirigen a ti y cuestionan si posees suficiente inteligencia, atractivo, fortaleza o éxito, entre otras cosas. Cuando logras eliminar esos PNA y crees que sí eres suficiente, entonces te sientes más feliz y gozas de mayor autoconfianza. En cambio, cuando sientes que no eres suficiente tu cerebro puede caer en la tristeza, la ansiedad y la sensación de fracaso.

**Círculo social:** se refiere a la calidad de tus relaciones y las tensiones que afrontas en la vida. Cuando disfrutas de relaciones sólidas, una familia saludable, un trabajo que te gusta y estabilidad financiera, tu cerebro tiende a funcionar mucho mejor que cuando alguno de estos aspectos está en entredicho. Los PNA pueden dominarte cuando atraviesas situaciones difíciles como una enfermedad, una ruptura, un despido o la muerte de un ser querido, ya que estas circunstancias elevan los niveles de hormonas del estrés. Cuando este círculo está desequilibrado, eres más vulnerable a enfermedades y trastornos como la depresión o la ansiedad.

**Círculo espiritual:** se refiere a tus creencias y tu relación con el planeta, con las generaciones pasadas y futuras, y tu sentido más profundo de significado y propósito vital. Tú eres mucho más que tus neuronas, tus pensamientos y tus conexiones. Creo que todo el mundo tiene un propósito divino. Y cuando tu cerebro cede al influjo de los PNA es fácil olvidar que tu vida cuenta con un propósito, y que tú tienes un papel y una misión que cumplir.

Cuando alguno de estos círculos no funciona del todo bien, tu cerebro es más propenso a escuchar los PNA y dejar que estos asuman el control. Ahora descubramos cómo deshacernos de estos PNA para recuperar el control del cerebro, la salud y la propia vida.

## Cómo deshacerse de los PNA

Mi proceso para acabar con los PNA se fundamenta en los trabajos de dos autoridades en la materia: el psiquiatra Aaron Beck, pionero de la corriente de psicoterapia llamada terapia cognitivo conductual (TCC), que es un tratamiento eficaz contra la ansiedad, la depresión, los problemas relacionales e incluso la obesidad; y Byron Katie, maestro y escritor que desarrolló cinco preguntas para erradicar los PNA, las cuales abordaremos más adelante, en el Apéndice A.

En general, tus sentimientos están estrechamente relacionados con la calidad de tus pensamientos: si la mayoría son negativos, tus sentimientos estarán alineados con ellos; si, por el contrario, son positivos, te sentirás mucho más optimista. Los PNA se conectan, amontonan y reproducen con otros PNA para atacarte. Por ejemplo, toman mayor fuerza antes de ir dormir, cuando tienes falta de sueño, si tu nivel de azúcar en sangre es bajo, en invierno, antes de la menstruación, en situaciones de estrés o tras la pérdida de un ser querido.

*Cada vez que piensas en algo, tu cerebro segrega sustancias químicas*

Así funciona el cerebro: piensas en algo, libera sustancias químicas, se generan transmisiones eléctricas y entonces tomas conciencia de lo que estás pensando. Los pensamientos son reales y afectan en gran medida a cómo te sientes y actúas. Y, así como las repeticiones de un ejercicio fortalecen los músculos, tener repetidas veces los mismos pensamientos también les da más potencia.

Cada vez que te surge un pensamiento desagradable, desesperanzador, triste, airado, molesto o irritante, como «soy el colmo de la estupidez», tu cerebro libera ciertas sustancias químicas que te producen malestar. Es decir, tu cuerpo reacciona a todos los pensamientos negativos que rondan por tu cabeza. Marcus estaba entrenando a su cerebro para que estuviera deprimido, triste, sin ilusión. Por eso le propuse que pensara en la última vez que había perdido los nervios. ¿Qué experimentó en su cuerpo? Cuando una persona se enfada, los músculos se ponen en tensión, el corazón se acelera, le empiezan a sudar las manos y es posible que incluso se maree. Marcus me dijo que en aquella ocasión estaba desubicado, empezó a sudar y se sintió confuso y estúpido.

Del mismo modo, cada vez que te surge un pensamiento alegre, esperanzador, feliz, optimista o positivo, tu cerebro libera sustancias químicas que te producen bienestar. Le pregunté a Marcus qué había experimentado la última vez que se sintió bien. ¿Qué había notado en su cuerpo? Cuando una persona es feliz, los músculos se relajan, disminuye la frecuencia cardíaca, respira mucho mejor y apenas muestra signos de sudoración. Marcus me contó una excursión con su padre: se fueron de pesca y lo pasaron en grande. Al pensar en ello, admitió que experimentó alegría y tranquilidad. Para nada se sintió estúpido en esa situación.

Recuerda que los pensamientos son muy poderosos y tu cuerpo reacciona a todos y cada uno de ellos.

Los pensamientos tienen la capacidad de generar malestar o bienestar en tu cuerpo. Cada célula del organismo es sensible a cada pensamiento que cruza tu mente. Tenemos constancia de ello gracias a los polígrafos o detectores de mentiras. Durante una prueba con polígrafo se conecta a la persona a instrumentos que miden:

- Temperatura de las manos.
- Frecuencia cardíaca.
- Presión arterial.
- Ritmo respiratorio.
- Tensión muscular.
- Actividad de las glándulas sudoríparas.

Luego, el examinador plantea preguntas del tipo: «¿Cometiste este error?». Casi de inmediato, el cuerpo de la persona evaluada reacciona a cada pensamiento, con independencia de que admita la culpa o no. Si es responsable del error y teme ser descubierta, es probable que su cuerpo experimente una respuesta de estrés y reaccione de las siguientes maneras:

- La temperatura de las manos disminuye.
- La frecuencia cardíaca aumenta.
- La presión arterial se eleva.
- El ritmo respiratorio se acelera, pero las respiraciones son más superficiales.
- La tensión muscular aumenta.
- La actividad de las glándulas sudoríparas se incrementa.

Y también lo contrario: si no es responsable del error, su cuerpo experimentará una respuesta relajada y manifestará las siguientes reacciones:

- La temperatura de las manos aumenta.
- La frecuencia cardíaca disminuye.
- La presión arterial baja.
- El ritmo respiratorio se atenúa y las respiraciones se vuelven más profundas.
- La tensión muscular disminuye.
- La actividad de las glándulas sudoríparas se reduce.

Insisto, tu cuerpo reacciona casi de inmediato a lo que piensas, y no solo cuando te piden que digas la verdad: responde a cualquier pensamiento, tanto si está relacionado con el trabajo como con las amistades, la familia o cualquier otro tema. Por eso cuando la gente está enfadada suele manifestar síntomas como dolor de cabeza, molestias en el estómago o diarrea, o se vuelve más propensa a contraer enfermedades. Piensa entonces en lo que le estaba ocurriendo al joven cuerpo de Marcus mientras su cabeza se hallaba abarrotada de pensamientos negativos.

Como he mencionado al principio de este capítulo, en las Clínicas Amen empleamos equipamiento de *biofeedback* para medir las respuestas psicológicas del mismo modo que lo hacen los polígrafos: temperatura de las manos, frecuencia cardíaca y respiratoria, tensión muscular y actividad de las glándulas sudoríparas. Al conectar a Marcus a nuestro equipo, le pregunté sobre el béisbol (un deporte que adoraba), su hermana pequeña y sus amigos. Su cuerpo mostró una respuesta inmediata de relajación. Sin embargo, cuando le pregunté sobre la escuela, sentirse tonto o su profesor de Historia (con quien estaba teniendo dificultades), las manos se le enfriaron de inmediato, su frecuencia cardíaca y tensión muscular aumentaron, su respiración se volvió irregular y las manos le empezaron a sudar. Marcus y su madre quedaron asombrados al ver la evidencia de su cuerpo reaccionando a cada uno de sus pensamientos.

Le dije a Marcus que pensara en su cuerpo como en un «ecosistema» sensible a todo aquello que lo rodea, como el aire, el agua, la tierra, los coches, los seres vivos, la flora, las casas y todo lo demás. Cualquier pensamiento negativo actúa, pues, como una toxina en todo el sistema. Así, del mismo modo que la contaminación en Los Ángeles o Pekín afecta a quienes están al aire libre, los pensamientos negativos influyen tanto en la mente como en el cuerpo.

### *Tus pensamientos están programados para ser negativos*

Hace miles de años, los pensamientos negativos nos protegían de una muerte prematura o de convertirnos en la cena de cualquier depredador. En los albores de nuestra existencia, no bajar nunca la guardia y evitar cualquier peligro era determinante para la supervivencia. Por desgracia, a pesar de que el mundo se ha convertido en un lugar más seguro, ese sesgo negativo permanece en el cerebro humano. La investigación ha demostrado que las experiencias negativas ejercen mucha más influencia en el cerebro que las positivas.[5] La gente suele prestar más atención a las malas noticias que a las buenas, por eso los informativos llenan su programación con inundaciones, asesinatos, escándalos políticos y todo tipo de calamidades. Según un estudio del sitio web de marketing de contenidos Outbrain.com, en dos períodos distintos de 2012 los titulares con adjetivos negativos registraron una tasa de clics un 63 % más elevada que aquellos que contenían adjetivos positivos.[6] Una perspectiva negativa es mucho más contagiosa que otra positiva, y por eso es más común que las campañas políticas hagan hincapié en los aspectos negativos. Incluso nuestro lenguaje está afectado por este sesgo: un 62 % de las palabras del diccionario tiene connotaciones negativas, mientras que solo un 32 % expresa aspectos positivos.[7]

El psicólogo y escritor Rick Hanson explica que el cerebro humano presenta un sesgo natural hacia la negatividad. Mientras que las malas noticias se almacenan de forma automática para protegernos, las experiencias positivas deben mantenerse en la conciencia durante al menos doce segundos para fijarse en la memoria. «El cerebro actúa como el velcro para lo negativo y como el teflón para lo positivo», escribió Hanson.[8] Por su parte, el psicólogo Mihaly Csikszentmihalyi, autor de *Flow: The Psychology of Optimal Experience*, sostiene que, si no dirigimos la atención hacia algo concreto, nuestra mente tiende a divagar y preocuparse. La única manera de contrarrestar esa tendencia es enfocarnos en actividades que nos generen *bienestar*, que nos brinden un sentido de propósito y logro.

En resumen, las emociones negativas tienden a imponerse sobre las positivas, por lo que es esencial entrenar la mente para mitigar esta tendencia natural y fortalecer pensamientos y emociones más constructivos. Le expliqué a Marcus que su patrón de pensamiento negativo era común, pero que carecía de utilidad.

### *Los pensamientos son automáticos y no suelen decir la verdad*

Los pensamientos son el resultado de complejas reacciones químicas en el cerebro, recuerdos, la calidad del sueño, las hormonas, los niveles de azúcar y otros muchos factores. Son automáticos, reflexivos, aleatorios y en su mayoría negativos. Además, a menudo se equivocan. Por tanto, si no los atas en corto y los dejas moverse a sus anchas, esparcirán sus mentiras y desatarán el caos en tu vida. Marcus estaba convencido de que era estúpido; se lo repetía varias veces al día porque era incapaz de estar concentrado y no obtenía buenos resultados en los exámenes. Sin embargo, su CI era de 135, muy por encima de la mayoría de la población. Le comenté que era imprescindible que cuestionara cada pensamiento estúpido que revoloteaba por su cabeza.

Analizar tus pensamientos es clave para saber si son certeros, si puedes sacar algún provecho de ellos o si te están perjudicando. Por desgracia, si nunca les paras los pies, llegarás a creer que son ciertos y actuarás bajo esas creencias erróneas.

A Marcus le sucedía que, al dejar que sus pensamientos desaforados le invadieran la mente (llamándose estúpido, y considerándose un fracasado y alguien horrible al que todos sus profesores odiaban), su comportamiento era más proclive a convertir todo eso en realidad. Le expliqué que el cerebro trata de plasmar en la vida real todo lo que piensa, y que por eso es tan básico tomar las riendas de tus pensamientos.

## Siete estrategias para dominar tu mente

Es posible aprender a escuchar tus pensamientos y modificarlos para que te hagan sentir mejor y más optimista. Aquí tienes siete estrategias que te ayudarán a poner en práctica lo que acabo de decir.

*Estrategia 1. Elimina los PNA cuando te atacan*

Cómprate un cuaderno o usa la aplicación de notas de tu móvil, y cada vez que te ataquen la tristeza, la furia, los nervios o la sensación de pérdida de control:

1. Escribe tus pensamientos negativos automáticos (PNA).
2. Identifica el tipo de PNA (puede ser más de uno).
3. Pregúntate si cuentas con la total seguridad de que ese pensamiento es verdadero.

Al pasar los PNA por el tamiz de la verdad, estos se desintegran. Aquí te ofrezco seis ejemplos obtenidos de la experiencia con mis pacientes:

**1. DE UNA MUJER QUE FUE VIOLADA Y BUSCÓ AYUDA POR ANSIEDAD Y DEPRESIÓN:**

**PNA:** «*Estoy rota*».

**Tipo de PNA:** lo identificó como un PNA de «todo o nada» y de poner etiquetas.

¿Es cierto? «No es cierto —escribió—. Soy una persona valiosa que sufrió una agresión. Puedo curarme y volver a sentirme completa». Responder a este pensamiento le restó poder al PNA.

## 2. DE UN PADRE CUYO HIJO ADULTO LUCHABA CONTRA LA ADICCIÓN:

**PNA:** *«No soy un buen padre».*

**Tipo de PNA:** lo identificó como un PNA de «todo o nada» y de culpa.

¿Es cierto? «No es cierto —escribió—. Siempre estuve presente y le brindé amor. La adicción es un problema en nuestra familia, pero al final mi hijo tomó sus propias decisiones. Lo apoyaré en lo que sea posible, pero no puedo controlar su vida».

## 3. DE UNA MADRE A CUYO HIJO ASESINARON:

**PNA:** *«Soy una persona horrible por querer que castiguen a su asesino».*

**Tipo de PNA:** lo identificó como un PNA de poner etiquetas.

¿Es cierto? «No es cierto —escribió—. Tengo un gran corazón. Echo de menos a mi hijo con todo mi ser y tengo la esperanza de reencontrarme con él en el cielo».

## 4. DE UNA MUJER QUE SUFRÍA PROBLEMAS MATRIMONIALES Y SE SENTÍA DESESPERADA Y ATRAPADA:

**PNA**: *«Mi esposo me dejará y me quedaré sola»*.

**Tipo de PNA**: lo identificó como un PNA de predicción de futuro.

¿Es cierto? «No puedo saberlo con certeza —escribió—. Pero si dejo que se apoderen de mí la ansiedad y la desesperación corro el riesgo de alejarlo. Necesito ser fuerte, da igual lo que pase».

## 5. DE UN HOMBRE QUE PERDIÓ SU EMPLEO DEBIDO A SU MAL CARÁCTER:

**PNA**: *«Soy mala persona y jamás encontraré otro trabajo. Mi familia se arruinará»*.

**Tipo de PNA**: lo identificó como un PNA de poner etiquetas y de predicción de futuro.

¿Es cierto? «Debo analizar y trabajar en controlar mi temperamento —escribió—. Soy una persona valiosa y me esforzaré por encontrar otro empleo para seguir cuidando de mi familia y de mí mismo».

### 6. DE UN JOVEN QUE TENÍA PROBLEMAS EN LA UNIVERSIDAD:

**PNA**: *«Nunca seré tan bueno como mis compañeros»*.

**Tipo de PNA**: lo identificó como un PNA de «todo o nada».

¿Es cierto? «En algunas materias soy mejor que mis compañeros, en otras no tanto. Necesito dejar de ser tan duro conmigo mismo», escribió.

Enfrentarse a los PNA con la verdad es una herramienta poderosa. Meses después de que Marcus aprendiera a deshacerse de ellos, su ansiedad y abatimiento disminuyeron de forma notable, y su rendimiento académico mejoró. Tiempo después se graduó con honores en el instituto y más tarde en la facultad de Derecho.

Así que este es mi consejo: no creas todo lo que piensas, en especial si se trata de pensamientos dañinos o irracionales.

*Estrategia 2. Presta atención a tus hábitos para evitar la mente de mono*

Todo el mundo tiene pensamientos inconexos, pero uno de los mejores remedios para que los monos no acaben destrozando tu mente con sus distracciones es prestarles atención. Si ignoras tu vida interior, los monos, al igual que los niños ávidos de atención, empiezan a torturarte, a menospreciarte y a sembrar el caos en tu cabeza. Sin embargo, si tomas conciencia de tus pensamientos, los analizas o incluso te acercas a ellos con curiosidad, estos pierden el control sobre tu vida emocional.

Tomarte un tiempo para reflexionar y reconducir tu vida interior puede ayudarte a entrenar a los monos para que trabajen a tu favor, en lugar de malmeter en tu salud mental. La meditación es una herramienta magnífica para retomar el control de tu mente. La investigación al respecto ha demostrado que la meditación puede reducir el ritmo cardíaco y la presión arterial, mejorar la circulación y la digestión, fortalecer el sistema inmunitario, potenciar la cognición, la concentración y la memoria, y ayudar a frenar el envejecimiento cerebral, las adicciones, la ansiedad, la depresión y la irritabilidad.[9] Podrías probar, por ejemplo, con la meditación de amor incondicional o Metta, que consiste en dedicarte pensamientos de amor, compasión y buena voluntad a ti y también a tus seres queridos. Dedicar unos minutos al día a meditar, ya sea reflexionando sobre un pasaje de las *Escrituras* o practicando el amor incondicional, te ayudará a calmar la mente.

### *Estrategia 3. Empieza la jornada con esta frase: «Hoy va a ser un gran día»*

Tan pronto como abras los ojos o salgas de la cama, pronuncia estas palabras en voz alta. Como tu mente tiende a la negatividad, siempre encontrará algún problema antes de empezar el día, a menos que la entrenes y le impongas algo de disciplina. Si pronuncias en voz alta «hoy va a ser un gran día», tu cerebro te ayudará a encontrar las razones para que así sea. Por ejemplo, cuando tengo un ciclo de conferencias para la televisión pública me despierto cada mañana en una ciudad distinta y es posible que mi cerebro anticipe con facilidad todo lo que puede salir mal, como esa serie de molestias que supone viajar. En cambio, si digo «hoy va a ser un gran día» pienso en todas las personas maravillosas a las que conoceré o en las vidas que podrían cambiar gracias a nuestro trabajo, y de esta manera logro disfrutar del viaje.

Tú puedes elegir controlar tu atención, incluso en los momentos más aciagos. Y esta sencilla estrategia es capaz de generar un poderoso cambio positivo en tu vida.

### *Estrategia 4. Anota tus estados de ánimo y busca formas de aumentar la gratitud*

Los expertos suelen decir: «Lo que no se puede medir, no se puede mejorar». Por eso, llevar un diario para anotar y evaluar tus emociones será sin duda una potente herramienta. Escribe en él los sentimientos que deseas suavizar, como la ansiedad, el miedo, la tristeza, la ira o el duelo, así como aquellos que quieres potenciar, como la alegría y la felicidad. Asigna a cada emoción una calificación del 1 al 10, donde 1 significa «horrible» y 10 «excelente». Si estás pasando un día difícil o una racha negativa, revisar tu diario te permitirá identificar patrones, como ciertos días (o momentos del día) en los que te sientes peor, la relación con tu ciclo menstrual, tu alimentación y otros factores que pueden influir en tu estado de ánimo.

Una de las primeras cosas que aprendí como psiquiatra fue que puedo generar malestar o incluso hacer brotar unas lágrimas a cualquier persona con las preguntas que le formulo. Si le pido a alguien que piense en sus peores recuerdos (sus fracasos, los momentos de mayor vergüenza o aquel día que le rompieron el corazón) en apenas unos segundos empezará a sentirse mal. Sin embargo, lo opuesto también ocurre: si le propongo que piense en sus momentos de mayor felicidad (sus éxitos o cuando se enamoró), en general esa persona suele esbozar una sonrisa. A continuación, te presento seis breves ejercicios para tu diario que te ayudarán a modificar tu punto de vista.

1. **Escribe tres cosas por las que sientas agradecimiento.** La gratitud ayuda a dirigir la atención hacia sentimientos positivos y alejarla de los negativos. El doctor Hans Selye, considerado uno de los pioneros en el estudio del estrés, señaló: «Nada elimina mejor los pensamientos desagradables que dedicar una atención plena a los pensamientos positivos».[10] Si pudiera embotellar la gratitud y recetarla, sin duda lo haría; sus beneficios exceden sobradamente los de casi cualquier medicación que receto, y además no presenta efectos secundarios. Un gran número de investigaciones sugiere que practicar a diario el agradecimiento (y puede ser algo tan simple como escribir aquello por lo que sientes que quieres dar las gracias) es capaz de mejorar el estado de ánimo, la salud, las relaciones, el carácter y la carrera profesional. Según las excelentes publicación de Amit

Amin[11] en Happier Human y Courtney Ackerman en Positive Psychology Program,[12] la investigación en este ámbito sugiere que la gratitud puede mejorar los siguientes aspectos:

- Felicidad.
- Bienestar.
- Estado de ánimo.
- Autoestima.
- Resiliencia.
- Sentido de la espiritualidad.
- Generosidad.
- Optimismo.
- Reducción del materialismo.
- Reducción del egoísmo.
- Recuperación del abuso de sustancias.
- Resistencia al estrés.
- Resistencia a la envidia.
- Amistades.
- Relaciones amorosas.
- Carrera profesional.
- Habilidad para forjar nuevos lazos.
- Productividad.

- Cumplimiento de objetivos.
- Reducción de la rotación de personal (en el ámbito laboral).
- Toma de decisiones.
- Salud física, incluyendo:
  - Apariencia física.
  - Mejora del sueño.
  - Menos síntomas físicos.
  - Más tiempo para hacer ejercicio.
  - Menos dolor físico.
  - Reducción de la presión arterial en personas hipertensas.
  - Recuperación de accidentes coronarios.
  - Vitalidad y energía.
  - Longevidad.[13]

Se ha demostrado que centrarse en la gratitud aumenta la actividad del sistema nervioso parasimpático y reduce los marcadores inflamatorios;[14] asimismo, mejora la depresión y el estrés, e incrementa la felicidad;[15] disminuye el estrés de las personas cuidadoras[16] y, en adultos mayores, reduce de forma significativa la ansiedad y la depresión, además de incrementar la frecuencia de ciertos recuerdos, la satisfacción con la vida y la felicidad subjetiva.[17]

Si conviertes en hábito dirigir tu atención hacia aquello por lo que sientes agradecimiento, mejorarás el funcionamiento de tu cerebro. En momentos de estrés, tómate un minuto para anotar tres cosas (pueden ser simples o complejas) por las que sientas gratitud. Es posible que, una vez que empieces, te cueste limitarte a tres.

2. **Escribe una carta.** Manifestar tu aprecio a alguien escribiéndole una carta puede ser beneficioso tanto para ti como para su destinatario. Martin Seligman, el padre de la psicología positiva, y su equipo de la Universidad de Pensilvania han desarrollado el ejercicio de la carta de agradecimiento (para saber más, consulta las páginas 96-97). Las investigaciones al respecto han demostrado que este ejercicio incrementa de manera notable los niveles de satisfacción y felicidad, y atenúa los síntomas de depresión.[18]

3. **Expresa tu aprecio.** Para fomentar la gratitud, incorpora el aprecio, es decir, la gratitud expresada hacia los demás, que es capaz de generar conexiones más profundas entre las personas. Se ha demostrado que

brindar apoyo y reconocimiento reduce la respuesta al estrés en el cerebro con más eficacia incluso que recibirlo.[19] En otras palabras, para el cerebro, *dar es más beneficioso que recibir.* Si quieres potenciar el pensamiento positivo, adquiere la costumbre de escribir el nombre de una persona a quien valores y la razón por la que lo haces. Luego exprésale tu gratitud con un correo, un mensaje o una llamada. Hazlo una vez por semana y evita dirigirte a la misma persona durante dos meses. Este ejercicio te ayudará a forjar vínculos sólidos y fomentar la buena voluntad.

4. **Antes de dormir, agradece lo que has recibido.** Por la noche, en lugar de contar ovejas, intenta hacer recuento de todo lo que has recibido: es una forma sencilla de potenciar las emociones positivas. En un estudio con 221 adolescentes, los que pensaron en aquello que habían recibido vieron incrementados su gratitud, optimismo y satisfacción con la vida, y disminuidos los sentimientos negativos.[20] Antes de dormir, dedica tres minutos a anotar tantas cosas buenas de tu vida como seas capaz de recordar.

5. **Anota qué ha salido bien.** Otro ejercicio que ha probado mejorar con rapidez el bienestar es el llamado

*«¿Qué ha salido bien?»*. Diversos estudios muestran que quienes lo practicaron se sintieron más felices y menos deprimidos durante un periodo de seguimiento de seis meses tras el estudio.[21] Antes de acostarte, escribe tres cosas que hayan salido bien durante el día y luego pregúntate: *«¿Por qué ha salido bien?»*. Este sencillo hábito ayuda a cultivar emociones más positivas a las personas con trabajos estresantes.[22]

6. **Céntrate en tus logros.** En una ocasión traté a una importante empresaria que había ganado millones de dólares con sus negocios. Sufría ansiedad, depresión y, además, sentía que era una fracasada y que su vida no tenía sentido. No hacía más que rememorar un pequeño incidente en el que un periodista (cuyo único logro consistía en desacreditar vidas ajenas) la había criticado con dureza en un artículo de una revista. Ella no era capaz de sacarse aquello de la cabeza; su cerebro seguía un patrón obsesivo que la mantenía atrapada en pensamientos y comportamientos negativos.

La primera tarea que le encargué fue anotar sus éxitos con toda suerte de detalles. Llegó a la siguiente sesión con ocho páginas repletas de logros, entre ellos haber dado empleo a medio millar de personas, participar en obras benéficas y mantener relaciones sólidas. Aquel ejercicio le sentó de fábula y cambió su punto de vista de inmediato.

Por tanto, siguiendo este ejemplo, anota los momentos más significativos y positivos de tu vida. Si recuerdas uno, seguro que serás capaz de encontrar otro. Si identificas dos, es muy probable que halles tres, y así sucesivamente. De este modo, al centrar tu atención en los éxitos, tu estado de ánimo mejorará con rapidez.

## *Estrategia 5. Cultiva el optimismo con una dosis de realidad para potenciar la resiliencia*

El doctor Martin Seligman desarrolló el concepto de *indefensión aprendida*, que ha tenido un profundo impacto en mi carrera.[23] Él descubrió que cuando perros, ratas, ratones e incluso cucarachas eran sometidos a descargas dolorosas sin posibilidad de evitarlas, con el tiempo dejaban de intentar escapar y se limitaban a aceptar el dolor. Más tarde comprobó que los seres humanos reaccionan de la misma manera. En una serie de experimentos, su equipo de investigación dividió de forma aleatoria a los participantes en tres grupos: el primero fue expuesto a un ruido fuerte que podían detener

## LOS BENEFICIOS DE LA GRATITUD

presionando un botón; el segundo oyó el mismo sonido molesto, pero sin la posibilidad de apagarlo; y el tercero, el grupo de control, no fue expuesto a ningún ruido. Al día siguiente, los participantes se enfrentaron a una nueva tarea de investigación con sonidos desagradables. Para detenerlos solo debían mover la mano unos 30 cm. Los integrantes del primer y tercer grupo descubrieron la solución enseguida y apagaron el ruido. Sin embargo, la mayoría de los participantes del segundo grupo no hizo nada. Como creían que no podían remediarlo, ni siquiera intentaron cancelar el irritante sonido; habían aprendido a sentirse indefensos.

Sin embargo (y aquí es donde los resultados se vuelven asombrosos), alrededor de un tercio de las personas del segundo grupo, a pesar de no haber podido escapar del ruido, nunca se *sintieron* indefensas. ¿Por qué? La clave resultó ser el optimismo. El equipo del doctor Seligman halló que quienes perseveran interpretan el dolor y los obstáculos:

- Como *temporales* en lugar de permanentes.
- *Limitados* en vez de generalizados.
- *Modificables* en lugar de fuera de su control.

De este modo, los individuos optimistas suelen decir cosas como «Esto es pasajero, solo me afecta ahora y puedo hacer algo al respecto». El equipo del doctor Seligman concluyó que fomentar el optimismo podría actuar como escudo contra la ansiedad, la depresión, el trastorno de estrés postraumático y las dificultades en las relaciones. Estas son algunas de sus ideas clave:

1. *Presta atención a cómo te expresas y a cómo lo hacen los demás.* ¿Hablan como si fueran protagonistas de su vida o como si fueran víctimas? ¿Sienten que poseen el control o que están a merced de las circunstancias? ¿Perciben las dificultades como pasajeras o definitivas? Las personas pesimistas suelen ver lo negativo como permanente e inmutable, y lo positivo como efímero. En cambio, las optimistas piensan justo lo contrario: consideran que lo malo es temporal y lo bueno, duradero y significativo.

2. *Transforma tu lenguaje y tu manera de interpretar las situaciones.* Deja de asumir el papel de víctima, toma el control en todo lo que puedas y recuerda que los desafíos, en la mayoría de los casos, son momentáneos.

3. *Convierte los errores en oportunidades de aprendizaje, en lugar de tomarlos como un juicio definitivo sobre tu valía.* Todo el mundo se equivoca; lo que marca la diferencia es cómo reaccionas. Aceptar los tropiezos y extraer un aprendizaje de ellos te permitirá progresar con más rapidez y confianza.

## *El pesimismo y el optimismo son hábitos de pensamiento*

| PESIMISTAS (SE SIENTEN INDEFENSOS) | OPTIMISTAS (SE SIENTEN ESPERANZADOS) |
|---|---|
| Consideran que los problemas son permanentes. | Consideran que los problemas son pasajeros y manejables. |
| Consideran que todo son problemas. | Consideran que los problemas son limitados. |
| Creen que no poseen el control. | Reconocen su capacidad para influir en las situaciones. |
| Ven el fracaso como algo propio, intrínseco a su persona. | Ven el fracaso como una oportunidad de aprendizaje. |
| Suelen ser menos eficaces. | Confían en sí mismos y en sus habilidades. |
| Se enfocan en los problemas. | Se plantean el futuro con esperanza. |
| Suelen tener poca esperanza en el futuro. | Mantienen una actitud esperanzadora. |
| Tienden a rendirse antes de tiempo. | Perseveran ante los desafíos. |
| Actúan de una manera menos proactiva con su salud. | Cuidan de forma activa su bienestar. |
| Guardan rencor. | Perdonan con mayor facilidad. |

| | |
|---|---|
| Se quedan atrapados en las preocupaciones y la negatividad. | No se quedan atrapados en la negatividad. |
| Experimentan más estrés. | Gestionan mejor el estrés. |
| Tienen mayor propensión a sufrir insomnio. | Disfrutan de un descanso más reparador. |
| Ven el vaso medio vacío. | Ven el vaso medio lleno. |
| Son individuos más reservados. | Actúan con generosidad y altruismo. |

Esfuérzate por tomar el control de tu vida, por adoptar una mentalidad de futuro y reconocer las oportunidades que tienes a tu alcance. Un extenso estudio con más de 97.000 participantes reveló que las personas optimistas presentaban un riesgo significativamente menor de sufrir enfermedades cardíacas en comparación con las pesimistas.[24] Asimismo, las mujeres con altos niveles de «hostilidad cínica» presentaban una mayor propensión a desarrollar afecciones coronarias. El optimismo también se asocia con una mejor calidad de vida,[25] una menor incidencia de accidentes cerebrovasculares,[26] un sistema inmunitario más fuerte,[27] mayor tolerancia al dolor[28] y una supervivencia más prolongada en pacientes con cáncer de pulmón.[29]

No obstante, como hemos visto, el optimismo desmedido también puede ser peligroso. *The Longevity Project*, llevado a cabo en la Universidad de Stanford, halló que quienes eran optimistas de un modo irracional gozaban de una esperanza de vida más corta debido a accidentes y enfermedades evitables.[30] En realidad, la falta de sueño fomentaba un optimismo desmesurado que derivaba en malas decisiones.[31] Entre los universitarios, por ejemplo, un optimismo exagerado se asoció con un mayor consumo de alcohol,[32] y quienes jugaban de forma compulsiva solían mostrar niveles desproporcionados de optimismo.[33] En definitiva, lo ideal es equilibrar el optimismo con una planificación realista y la prevención de riesgos. No importa hasta qué punto seas una persona positiva: en cualquier caso, un tercer tazón de helado con salsa de caramelo seguirá teniendo malas consecuencias para tu salud.

## *Estrategia 6. Cuestiona las situaciones*

No son las personas o las situaciones las que nos dominan, sino la percepción que tenemos de ellas.

Una vez me contaron la siguiente historia: a finales del siglo pasado una empresa que fabricaba zapatos envió a un comercial a África. Al poco tiempo, este les mandó un mensaje: «Vuelvo a casa. Aquí nadie usa zapatos». Entonces, otra empresa envió a otro comercial y a los pocos días recibió el siguiente mensaje: «El negocio va fenomenal. Aquí nadie ha usado nunca zapatos». Lo que nos muestra esto es que cada comercial entendió la misma situación desde una perspectiva diferente y obtuvo resultados completamente distintos.

La percepción es la forma en que, como individuos, nos autointerpretamos y entendemos el mundo. Nuestros cinco sentidos están en contacto con el entorno, pero la percepción es un fenómeno que ocurre al procesar la información en el cerebro a través del filtro de los propios sentimientos. Cuando ese filtro es positivo, interpretamos la información de forma positiva; pero cuando echa mano de emociones como la ira o la hostilidad, entonces interpretamos el mundo como algo que nos perjudica. Por tanto, nuestra percepción del mundo exterior está basada en nuestro mundo interior. Por ejemplo, en un estado de agotamiento es más probable que el comportamiento de nuestros hijos nos irrite más de lo normal.

Lo que quiero decir es que el punto de vista es más determinante en la vida que las situaciones en sí mismas. El afamado psiquiatra Richard Gardner declaró en una ocasión que el mundo es como una prueba de Rorschach —aquella en la que se pide describir lo que se ve en diez manchas de tinta sin significado intrínseco—: tu interpretación de estas imágenes refleja tu visión del mundo; tus percepciones son, en suma, un testimonio de tu estado mental. Los seres humanos percibimos aquello que pensamos. Por eso, en lugar de intentar transformar el mundo exterior debemos hacer hincapié en cambiar nuestro mundo interior. En este sentido, a todos mis pacientes les enseño el modelo A-B-C.

> **A** es la situación actual.
> **B** es cómo interpretas la situación.
> **C** es cómo reaccionas a la situación.

Las otras personas o las situaciones que afrontas (*A*) no pueden obligarte a nada. Es tu interpretación o percepción (*B*) la que motiva un comportamiento (*C*). Por ejemplo, una vez bostecé durante una sesión de terapia con un paciente. Este enseguida me preguntó si me estaba aburriendo. Yo le contesté que era importante que me lo hubiera preguntado. Aunque todo lo que me estaba contando me parecía interesante, la noche anterior había tenido una emergencia y esa mañana estaba agotado. Mi bostezo era *A*, su interpretación de que me aburría era *B*, y el hecho de preguntármelo era *C*. Su pregunta me produjo una gran satisfacción, porque algunos pacientes podrían haber reaccionado (*C*) abandonando la sesión con una sensación negativa. Pero si somos capaces de explorar otras interpretaciones y cuestionar nuestras percepciones negativas iniciales, habremos dado un gran paso hacia el bienestar emocional.

Preguntar (o preguntarse) sobre *B* es determinante; puede marcar la diferencia entre el bienestar y la muerte. Piensa en las dos historias del *Nuevo testamento* sobre Judas y Pedro, dos discípulos de Jesús que lo traicionaron la noche que lo apresaron (*Mateo*, 26:69-27:10). Judas aceptó dinero para identificar a Jesús ante los soldados del templo, quienes lo arrestaron. Más tarde, por la noche, Pedro negó tres veces que conociera a Jesús. *A* fue la traición. *B* fue su interpretación de la traición: Judas creyó haber cometido un pecado imperdonable, mientras que Pedro, avergonzado, rompió en llanto. *C* fue su reacción: Judas devolvió las treinta monedas de plata y luego se ahorcó, mientras que Pedro buscó y recibió el perdón, y después llegó a ser una figura central en los comienzos de la Iglesia cristiana. Recuerda, pues, que si no cuestionamos nuestras percepciones estas pueden llevarnos a un lugar no deseado.

### *Estrategia 7. Ve la película de Disney* Pollyanna

Una de mis películas favoritas de siempre es *Pollyanna*, basada en el libro de 1913 del mismo título y cuya autora es Eleanor Porter. La historia es la siguiente: tras la muerte de sus padres, que eran misioneros, Pollyanna se va a vivir con su tía Polly y es capaz de transformar una pequeña ciudad enfrentada y llena de negatividad en una comunidad positiva. Pollyanna enseña a sus vecinos el juego de «encontrar el lado bueno», que consiste en dar con algo por lo que alegrarse en cualquier situación. Su padre se lo había enseñado en un momento de gran desilusión: Pollyanna siempre soñó con tener una muñeca, pero sus padres nunca dispusieron de recursos para comprarle una. Su padre pidió entonces a los benefactores de su comunidad que le enviaran una muñeca de segunda mano, pero por error le llegó un par de muletas. «¿Cómo puedo alegrarme por tener unas muletas?», se preguntó Pollyanna. Al final, decidió que podía estar contenta porque, precisamente, no las necesitaba. Este sencillo juego cambia la actitud y la vida de muchas personas en la película. Pollyanna incluso comparte esta enseñanza con el pastor de la iglesia del pueblo, recordándole lo que su padre le había enseñado: la Biblia contiene 800 «pasajes sobre la alegría», y si Dios menciona la alegría tantas veces debe de ser porque quiere que adoptemos esa forma de pensar.

En resumidas cuentas, enfocarte en lo negativo de una situación solo te hará sentir mal, mientras que jugar a «encontrar el lado bueno de las cosas» y buscar el lado positivo te ayudará a mejorar tu estado de ánimo. Esta película es una inversión de 134 minutos que vale la pena.

No exagero si afirmo que desarrollar un pensamiento preciso, honesto y disciplinado puede transformar tu vida. Si eliminas los PNA, cultivas la gratitud, gestionas tus percepciones y aplicas estas estrategias, reducirás la preocupación, la ansiedad, la ira y la negatividad, allanando el camino para sentirte mejor en un breve plazo.

### El amor: tu arma secreta

Cuando Jesús dijo: «Amaos unos a otros» (y cada cual a sí mismo también), estaba dándonos un gran consejo para nuestra salud. Las investigaciones al respecto indican que, si una persona está abatida, ansiosa o enfadada, lo mejor es que salga de sí misma para cambiar su estado de ánimo. En un nuevo estudio, quienes hicieron el ejercicio de dar las gracias por escrito activaron una parte del cerebro involucrada en la felicidad y el altruismo.[34]

Dicho esto, si quieres sentirte mejor, busca a alguien que necesite ayuda. Un artículo del *New York Times* de 1970 contaba que por aquel entonces la que más tarde fue primera dama, Barbara Bush, estaba tan deprimida que a veces detenía el coche en el arcén porque temía estrellarse contra un árbol u otro coche. La señora Bush no solicitó ayuda psiquiátrica ni tomó medicación alguna para tratar su depresión, que atribuía a los cambios hormonales de la menopausia o al estrés que le provocaba el trabajo de su marido en la CIA. En lugar de eso, confesó que se enfrentó a su depresión implicándose en labores de voluntariado y enfocándose en ayudar a los demás.[35]

Ofrecer amor a desconocidos o a personas cercanas no solo ejerce un efecto sobre los demás, sino que también incrementa tu felicidad. Así lo sugieren dos estudios, en uno de los cuales se pidió a 86 participantes evaluar su satisfacción con la vida antes de dividirlos en tres grupos. Al primer grupo se le pidió llevar a cabo un acto de bondad cada día durante diez días; al segundo, probar algo nuevo cada día; y al tercero no se le dio ninguna instrucción. Pasado ese tiempo, se volvió a evaluar su satisfacción vital. Los niveles de felicidad aumentaron de forma significativa y casi por igual en los grupos que llevaron a cabo actos de bondad o actividades novedosas, mientras que en el grupo que no hizo nada distinto no hubo cambios.[36] Estos resultados sugieren que dedicar apenas diez días a ayudar a los demás es ya una forma efectiva de mejorar el bienestar personal.

En otro estudio, separaron a los participantes en dos grupos y les pidieron que recordaran la última vez que habían gastado 20 o 100 dólares en sí mismos, o bien la última vez que habían destinado esa cantidad a otra persona. Después de puntuarse en una escala para medir sus niveles de felicidad, se les entregó una pequeña suma de dinero y se les dio la opción de gastarlo en sí mismos o en otra persona. Los investigadores descubrieron que los participantes se sentían más felices al recordar una ocasión en la que habían comprado algo para otra persona, con independencia del importe. Además, cuanta más satisfacción experimentaban al rememorar su generosidad, mayor era la probabilidad de que eligieran gastar el dinero en otra persona.[37] Como se afirma en la Biblia: «Más bienaventurado es dar que recibir» (*Hechos*, 20:35). En pocas palabras, las investigaciones demuestran que las personas más felices son aquellas que se enfocan en los demás, prestando más atención a quienes ayudan que a sí mismas.[38]

Aunque la siguiente oración atribuida a san Francisco de Asís es probable que no fuera suya, proporciona un consejo respaldado por la ciencia para alcanzar la felicidad. La próxima vez que te sientas triste, repítela para tus adentros o prueba con alguna otra oración o meditación similar, como la «meditación de bondad amorosa».

> *Entregar tu amor tanto a conocidos como a extraños proporciona el beneficio adicional de hacerte más feliz.*

## ORACIÓN POR LA PAZ DE SAN FRANCISCO

*Oh, Señor, hazme un instrumento de tu paz.*
*Donde hay odio, que lleve yo el amor.*
*Donde haya ofensa, que lleve yo el perdón.*
*Donde haya discordia, que lleve yo la unión.*
*Donde haya duda, que lleve yo la fe.*
*Donde haya error, que lleve yo la verdad.*
*Donde haya desesperación, que lleve yo la alegría.*
*Donde haya tinieblas, que lleve yo la luz.*

*Oh, Maestro, que yo no busque tanto el consuelo como consolar;*
*que me comprendan, sino comprender;*
*que me amen, sino amar.*
*Porque es dando como se recibe;*
*perdonando que se nos perdona;*
*muriendo que se resucita a la vida eterna.*
*Amén.*

Al dirigir tu atención hacia aquello por lo que sientes agradecimiento, las personas que te brindan alegría y tus propios logros, notarás como disminuyen tus preocupaciones, la ansiedad, la ira y la negatividad, y estarás en el buen camino para sentirte mejor.

CAPÍTULO 3

# EL PODER DE LA POSITIVIDAD

*«Cuando aprecias las cosas buenas de tu vida, las cosas buenas se aprecian».*

TAL BEN-SHAHAR, autor de *Choose the Life You Want: The Mindful Way to Happiness*

NUNCA OLVIDARÉ LA MAÑANA DEL 5 de mayo de 2020. Era martes. Estaba en el baño, lavándome los dientes y preparándome para un día en el que, en primer lugar, tenía que llevar a mi nonagenario padre, Louis Amen, a una cita con su neumólogo. A principios de febrero, cuando la COVID-19 empezaba a hacer estragos en Estados Unidos, mi padre había sufrido una hemorragia gastrointestinal y perdió mucha sangre. Lo llevamos al hospital, donde los doctores no fueron capaces de descubrir el motivo. El equipo médico le había hecho una transfusión de sangre, pero como consideraron que su anemia no era lo bastante grave le dieron el alta al cabo de una semana, aunque seguía débil. En ese momento me di cuenta de que también empezaba a toser mucho.

A mediados de marzo, esa tos empeoró. Justo empezábamos el primer confinamiento nacional (lo llamaron «15 días para detener los contagios») y, por ello, todo el mundo pensaba que podía tratarse de ese nuevo coronavirus. Yo disponía de varios test para la COVID-19 en mi clínica, así que envié a mi sobrina Krystle —directora de nuestra clínica en Costa Mesa— a casa de mis padres para que les hiciera las pruebas.

Dos días más tarde descubrimos que los test, tanto de mi padre como de mi madre, eran positivos. Entonces los llevamos al hospital, donde el personal sanitario se encargó de que compartieran habitación. Sin embargo, no nos permitieron visitarlos y nos preguntamos si volveríamos a verlos. Esto sucedió en un momento en que las imágenes de carretillas elevadoras cargando cadáveres en camiones frigoríficos aparcados frente a los hospitales de Nueva York proliferaban en las noticias.

A mis padres los trataron con hidroxicloroquina, azitromicina y zinc. Mi madre participó en un ensayo clínico en el que se le asignó al azar recibir hidroxicloroquina y azitromicina o remdesivir. Tana y yo nos reímos con mamá cuando nos contó por teléfono que tuvo que firmar un documento en el que se comprometía a no quedarse embarazada durante el tratamiento. Quizá el sentido del humor de mi madre fue una de las razones por las que se recuperó tan pronto. Cinco días después, ambos recibieron el alta hospitalaria y se convirtieron en celebridades locales cuando el *Orange County Register* los puso en portada como historia de éxito de personas mayores en la lucha contra el virus.

Sin embargo, la recuperación de mi padre fue más complicada. No llegó a recobrar su energía ni su vitalidad, y dormía unas 16 horas al día. Le hicieron una radiografía de tórax y le recetaron un antibiótico, pero estaba claro que ya no era el mismo de antes.

Ese martes 5 de mayo, yo ya estaba listo para salir de casa cuando recibí una llamada de mi madre. Estaba fuera de sí.

—¡Ha dejado de respirar! —gritó al otro lado de la línea.

—No cuelgues. Voy a llamar a Emergencias —respondí.

Tras contar lo sucedido a los servicios de emergencia locales y darles la dirección de mis padres, me metí en el coche y me dirigí a toda prisa hacia su casa, todavía con mi madre al teléfono.

—¡Louie! ¡Levántate! —oí que gritaba—. ¡Louie! ¡Despierta!

Nunca había recorrido los 6 km que separan nuestras casas tan rápido. Llegué justo después que los servicios de emergencia. Entré a toda prisa en la sala de estar y vi a papá tumbado boca arriba, con un tubo en la garganta.

—No tiene pulso —me informó uno de los enfermeros—. ¿Quiere que le practiquemos una reanimación?

No lo dudé ni un segundo.

—Por supuesto —respondí, convencido de que no serían capaces de devolverlo a la vida.

Mientras tanto, mi madre se encontraba en estado de shock.

—Estaba bien, estaba teniendo un día estupendo. Fui a vestirme y, cuando volví, no respiraba.

—¿Durante cuánto tiempo? —le pregunté.

Ella negó con la cabeza. No lo sabía.

Mientras los médicos le practicaban la reanimación cardiopulmonar sin éxito, un agente del Departamento de Policía de Newport Beach (NBPD) entró en la casa. Enseguida lo reconocí: era David Darling, un veterano del Cuerpo. Lo había conocido (junto a otros muchos de sus excelentes colegas) en una de mis visitas mensuales a la sede del NBPD, donde colaboraba como voluntario impartiendo seminarios de dos horas sobre salud cerebral. Quería que nuestros policías tuvieran un cerebro sano, porque su labor es, sin duda, estresante. Mi amigo Jon Lewis, jefe de la NBPD, opinaba lo mismo que yo.

El agente Darling nos apartó a mi madre y a mí, y, con voz emocionada, musitó:

—Siento deciros esto, pero cuando alguien muere en casa tenemos que abrir una investigación.

A mamá se le salieron los ojos de sus órbitas.

—¿Crees que yo lo maté? ¿Que lo estaba envenenando?

Pero mi madre estaba actuando; su sonrisa socarrona la delató.

Todos sabíamos que la investigación policial sobre la muerte de un hombre de noventa años que había dejado de respirar durante una pandemia mundial no tenía sentido, pero así eran las cosas.

—Señora Amen, solo seguimos el protocolo.

Ese fue el comienzo de un terrible e infausto día que todavía recuerdo con dificultad. Aunque estábamos bajo un severo confinamiento, en apenas 90 minutos llegaron a casa de mis padres más de 30 personas para consolarnos, a ella y a la familia, incluidos casi todos mis hermanos y sus parejas.

Esa noche, tras una larga y emotiva jornada de trámites en el tanatorio y de haber tenido que ver cómo se llevaban el cuerpo de mi padre en una camilla, me duché y me preparé para irme a la cama.

Durante los últimos años he seguido el hábito de dormirme rezando y preguntándome: «¿Qué ha ido bien hoy?».

También empiezo cada jornada diciéndome a mí mismo: «Hoy va a ser un gran día». Practico ambos ejercicios de sesgo positivo para acostumbrar a mi mente a hacer hincapié en lo bueno más que en lo malo. Cada mañana procuro centrarme en por qué ese va a ser un gran día, y en lo que ha ido bien en cuanto mi cabeza toca la almohada. Entrenar al cerebro para que busque las cosas buenas que sucedieron durante el día es algo así como hacer mi propio resumen de los mejores momentos del show que es mi vida cotidiana. Es mi hábito, mi ritual, mi rutina. Es lo que suelo hacer.

Esa noche, a la hora de dormir, recé como de costumbre, y entonces mi mente se preguntó: *¿Qué ha ido bien hoy?* De repente, alguien protestó. Hermie (es el nombre que le doy a mi mente) me dijo al oído: *¿En serio vas a hacer eso esta noche? ¿En el peor día de tu vida? ¿En el día más nefasto desde que perdiste a tu abuelo en 1982? Si quieres a tu padre, ¿no es esto una falta de respeto?*

Sin embargo, antes de acostarme pensé en la conversación entre el oficial Darling y mi madre, y esbocé una sonrisa. Pese a la terrible experiencia que estaba viviendo, ella no había perdido el sentido del humor. Luego me acordé de las decenas de mensajes de amistades mías y de mi padre que recibí ese día. Nos querían. Y, antes de caer rendido, tuve un momento para recordar el instante en el que Tana y yo tuvimos un momento a solas para despedirnos de mi padre:

justo antes de que se lo llevara el personal del tanatorio, le agarré las manos y me di cuenta de lo suaves que las tenía.

A pesar de la tragedia, esa noche dormí bien, porque llevaba años entrenando mi mente para un momento así.

Un par de días más tarde, decidimos incinerar a mi padre. Alguien fue al tanatorio para ocuparse de las cuestiones legales, y recuperar su ropa y el anillo de compromiso. Yo estaba ocupado con el papeleo en casa de mis padres y me topé de pronto con una foto suya entre los documentos: su cuerpo tendido en el tanatorio, con una sábana cubriéndolo hasta los hombros. Esa imagen me persiguió el resto del día; no podía quitármela de la cabeza.

Entonces recordé una técnica que enseño a mis pacientes: el «Havening» (ver el recuadro). Recordé la imagen de mi padre en el tanatorio, junto con la sensación de malestar, y luego crucé las manos sobre mis hombros y me froté hasta el codo varias veces, durante 30 segundos. Eso me tranquilizó, fue como si estuviera limpiando esa sensación de malestar.

A continuación, me pregunté: *¿Cómo te sientes?*

Mi respuesta fue inmediata: *Mejor.*

Repetí esta técnica cinco veces más. Al terminar, esa imagen que me perturbaba se había convertido en algo que apreciar, porque era la última foto que tenía de mi padre, que ya descansaba en paz.

Esta experiencia fue otro recordatorio de que el lugar al que diriges la mente es fundamental. En ese momento podía emplear mi cerebro para torturarme con preguntas inútiles («¿Quién sería el idiota que puso esa foto de mi padre muerto en el montón de papeles?») o podía, en cambio, convertir mi dolor en algo positivo. Y esto último fue lo que hice.

En un mundo cargado de negatividad, es bueno entrenarse para utilizar el sesgo de positividad.

### ¿Qué es exactamente el Havening?

A principios de la década de 2000, el doctor Ronald Ruden —internista con un doctorado en química orgánica— desarrolló el Havening, una técnica de curación que utiliza el tacto terapéutico para modificar las vías neuronales relacionadas con la angustia emocional. El doctor Ruden argumentó que ciertas técnicas de contacto pueden contribuir a aumentar la producción de serotonina en el cerebro, lo que nos permite relajarnos y distanciarnos de una experiencia perturbadora. La práctica del Havening implica una o varias de las siguientes técnicas táctiles:

- Frotarse las palmas de las manos con lentitud, como si te las estuvieras lavando.
- Abrazarse. Esta técnica consiste en colocar las palmas de las manos sobre los hombros opuestos y frotarlas por los brazos hasta los codos.

- «Lavarse» la cara colocando las puntas de los dedos en la frente, justo debajo del nacimiento del pelo, y dejándolos caer por la cara hasta la barbilla.

Desde una perspectiva neurocientífica, el Havening es una técnica que implica la estimulación de ambos hemisferios del cerebro mientras se evoca un recuerdo estresante o un evento traumático.

El Havening ganó popularidad durante la pandemia cuando el cantante Justin Bieber apareció en un documental de YouTube practicando esta técnica de autosanación a través del tacto. En el vídeo, mientras Justin se masajea las sienes en una postura encorvada, su esposa, Hailey, explica ante la cámara: «Es una forma de calmarse... cuando comienzas a estresarte o solo quieres tranquilizarte. Es similar a cuando, en la infancia, tu madre te frotaba la espalda para ayudarte a dormir. Es la mejor sensación del mundo. Aunque en este caso eres tú quien lo hace».[1]

El doctor Ruden ha publicado que los resultados de sus investigaciones prueban que el Havening genera oscilaciones neuronales de gran amplitud, conocidas como ondas delta, que son las que experimentamos al dormir.[2] Estas ondas calman las regiones del cerebro implicadas en la generación de recuerdos cargados de emociones y traumas. Una de ellas es la amígdala, que juega un papel crucial en el registro de las emociones experienciales.

A partir de las vivencias traumáticas, la amígdala codifica las emociones relacionadas de forma diferente, de modo que se convierten en lo que la neurociencia llama «potenciadas». Esto significa que el trauma y las emociones asociadas se graban en el cerebro y se adhieren a él como el pegamento. Los ejercicios de Havening ayudan a «retirar» ese pegamento del cerebro.

## Descubre el poder de la positividad

Decir que «hoy va a ser un gran día» y poner en práctica técnicas de Havening son ejemplos de ejercicios del sesgo de positividad que ayudan a eliminar o desplazar la negatividad producida por malos momentos o recuerdos.

El padre de la psicología positiva, el doctor Martin Seligman, es uno de mis principales referentes en este sentido. Cuando hace más de veinte años lo eligieron presidente de la Asociación Estadounidense de Psicología (APA), reunió a varios de los mejores psicólogos del momento y les preguntó si querrían echarle una mano para desarrollar un plan que alejara esta disciplina del tratamiento de la enfermedad mental y la acercara al desarrollo humano. Durante muchos años, la psicología había trabajado con la enfermedad como modelo (es decir, tratando a personas con problemas mentales y psicopatológicos). Durante esa carrera de fondo para reparar los daños producidos en la salud mental, a los psicólogos nunca se les había ocurrido desarrollar intervenciones positivas que, simplemente, hicieran más feliz a la gente. Eso fue lo que motivó al doctor Seligman a trabajar con el doctor Mihaly Csikszentmihalyi y otros ilustres psicólogos en una estrategia que denominaron «psicología positiva» y que desplazaba el foco de las intervenciones de los problemas a las soluciones.

Decidieron que la psicología positiva constaría de cinco principios básicos:

1. La psicología positiva nos ayuda a mirar la vida con optimismo.

2. La psicología positiva nos permite apreciar el presente.

3. La psicología positiva nos permite aceptar el pasado y hacer las paces con él.

4. La psicología positiva fomenta el agradecimiento y el perdón.

5. La psicología positiva nos ayuda a mirar más allá de los placeres y dolores momentáneos de la vida.[3]

El doctor Seligman presentó el concepto de psicología positiva en la convención anual de la Asociación Estadounidense de Psicología (APA) en 1998. Su mensaje fue claro: el campo de la psicología debía ampliar su enfoque más allá del tratamiento de las enfermedades mentales para incluir también la potenciación de la salud mental. Para ilustrar este cambio, el doctor Seligman relató una historia personal frente a una sala llena de colegas:

El verano pasado estaba trabajando en el jardín de casa con mi hija Nicki, de casi seis años. Debo mencionar que, como aficionado a la jardinería, me tomo mi labor muy en serio, y esa tarde en particular estaba concentrado al máximo en la tarea de quitar las malas hierbas. Nicki, en cambio, se limitaba a disfrutar del momento: arrojaba al aire las malas hierbas y esparcía tierra por todas partes.

Debo señalar aquí que, pese a todo mi trabajo en el campo del optimismo, en casa suelo ser más bien taciturno; y que, a pesar de mi experiencia trabajando con niños, y de tener cinco hijos de entre cinco y veintinueve años, nunca he sido muy hábil con ellos. Así que, arrodillado en el jardín esa tarde, reprendí a Nicki.

Ella frunció el ceño y se me acercó decidida. «Papá —dijo—, quiero hablar contigo». Luego me soltó esto: «Desde que tenía tres años hasta que cumplí cinco lloraba por cualquier cosa. Pero el día que cumplí cinco decidí que iba a dejar de lloriquear. Y no lo he hecho ni una sola vez desde entonces».

A continuación, Nicki me miró fijamente a los ojos y añadió: «Papá, si yo pude dejar de lloriquear, tú también puedes dejar de refunfuñar».[4]

La sala estalló en una sonora carcajada. Seligman había sido derrotado por una chiquilla.

Con el doctor Seligman como líder, la psicología positiva comenzó a transformar el panorama de la disciplina en la década de los 2000. Con anterioridad, muchos científicos en general y psicólogos en particular afirmaban que la felicidad es demasiado subjetiva, amplia y relativa desde el punto de vista cultural como para investigarla de forma seria. Sin embargo, como se ha mencionado antes en este libro, de forma reciente la neurociencia ha descubierto que solo alrededor del 40 % de la positividad de una persona se debe a su genética; el resto depende en gran medida de sus experiencias, emociones y pensamientos.

Además, la investigación también empieza a sugerir que la felicidad puede alcanzarse por diversos canales:

- Conciencia social: ser consciente de los sentidos físicos, es decir, tacto, olfato, gusto, oído y vista.
- Comunicación social: emplear formas verbales y no verbales para la interacción social.
- Prácticas de gratitud: expresar y mostrar agradecimiento de forma sincera.
- Reestructuración cognitiva: modificar la manera de pensar.

En conjunto, estos factores se agrupan en técnicas prácticas denominadas «intervenciones de psicología positiva» (IPP).[5] Tales herramientas y estrategias científicas están diseñadas para incrementar las emociones positivas, el bienestar y la felicidad.

## Ejercicios de formación sobre el sesgo de positividad: nueve pasos para aumentar tu felicidad

Los doctores Seligman y Csikszentmihalyi descubrieron que las intervenciones de psicología positiva pueden mejorar la vida de una persona, sin importar su estado mental o sus circunstancias. A continuación, los convertiremos en nueve pasos prácticos que suelo enseñar a mis pacientes para ayudarles a ser más felices y a superar los sentimientos negativos.

1. **Empieza cada mañana diciendo: «Hoy va a ser un gran día».** Como ya he dicho, el lugar al que diriges tu atención determina cómo te sientes. Si quieres sentirte feliz, empieza el día dirigiendo tu atención hacia lo que te motiva, te gusta, deseas, esperas o te hace feliz, en lugar de hacer hincapié en lo negativo. Suelo recomendar a las familias que hagan el ejercicio juntas, al levantar a sus hijos o durante el desayuno.

Me gusta tanto este ejercicio que está en el primer lugar de mi lista de recomendaciones, por si se me pasa mencionarlo.

Entiendo que, en estos tiempos, decir «hoy va a ser un gran día» puede parecer inocente o naif (como Pollyanna), en especial durante épocas catastróficas como la de la pandemia, cuando, sin ir más lejos, muchos hosteleros se vieron obligados a cerrar su negocio. Desde luego, estoy triste por las consecuencias del coronavirus, pero una actitud negativa tampoco ayudará a nadie. En las Clínicas Amen tenemos mucho trabajo por hacer para ayudar a miles de personas con ansiedad, depresión y pensamientos suicidas.

Al decir «hoy va a ser un gran día» estaba protegiendo y enfocando mi mente para centrarme en lo que estaba bien, no solo en las desgracias. Esto me ayudó a hacer cientos de chats en directo en las redes sociales durante la pandemia para animar a nuestros pacientes y seguidores.

Otra de las razones por las que recomiendo esta práctica es que esparce «semillas de optimismo» en el terreno de la vida cotidiana. Las personas felices buscan el lado positivo en cada situación en lugar de concentrarse en lo que podría salir mal. Uno de mis refranes favoritos es: «Un pesimista ve la dificultad en cada oportunidad; un optimista ve la oportunidad en cada dificultad».

Las personas optimistas y las pesimistas afrontan los problemas de manera distinta. Las optimistas suelen abordar las dificultades con una actitud positiva, mientras que las pesimistas tienden a esperar lo peor. Aquellas son conscientes de que las cosas no siempre salen como desean; por eso, cuando la vida las golpea, se levantan y lo intentan de nuevo. El optimismo fortalece el sistema inmunitario, ayuda a prevenir enfermedades crónicas y permite afrontar mejor las malas noticias, como cuando falleció mi padre.

2. **Anota tus pequeños momentos de felicidad para poder revivirlos más tarde.** La felicidad no ha de ser algo extraordinario o fuera de lo común. La que surge de los pequeños momentos tal vez sea, de hecho, más valiosa que la que sigue a grandes eventos como tu cumpleaños, una ceremonia de graduación o una fiesta.

Si adoptas el hábito de buscar y encontrar los pequeños momentos de felicidad a lo largo del día, entrenarás al cerebro para que tenga un sesgo

*La felicidad que surge de los pequeños momentos puede ser, de hecho, más valiosa que la que sigue a grandes acontecimientos.*

positivo. Escribe en un diario o en la aplicación de notas de tu teléfono esos momentos que detectas a lo largo del día y revísalos al final de la jornada para no perderte las pequeñas cosas que te hacen feliz. Prestar atención a esos momentos puede ejercer un gran impacto en las sustancias químicas de la felicidad y en la positividad en general. «Buscad y hallaréis» (*Mateo*, 7:7).

3. **Expresa gratitud y aprecio a los demás tantas veces como te sea posible.** El científico del comportamiento Steve Maraboli, autor de *Unapologetically You*, publicó en 2020 un diario de gratitud titulado *If You Want to Find Happiness, Find Gratitude.*[6] ¿Y por qué no? Cuando expresamos agradecimiento nos sentimos mejor, igual que la persona a la que estamos reconociendo.

    Enfocarse en la gratitud aumenta la felicidad y mejora la salud, el aspecto físico y las relaciones. Y apreciar a los demás catapulta la gratitud a un nuevo nivel, porque estrecha lazos con el prójimo. Anota tres cosas por las que sientas agradecimiento cada día y encuentra a una persona a la que demostrar tu aprecio. Este simple ejercicio es capaz de incrementar de forma significativa tu felicidad en apenas unas semanas.

El doctor Seligman ideó un ejercicio para aumentar la felicidad de la gente y lo llamó «la visita de gratitud». Así lo describió:

> Cierra los ojos. Imagina el rostro de alguien vivo que hace tiempo hizo o dijo algo que mejoró tu vida; alguien a quien nunca has podido agradecérselo; alguien con quien podrías quedar la próxima semana. ¿Ya sabes quién puede ser?
>
> La gratitud es capaz de volver tu vida más feliz y satisfactoria. Cuando experimentamos gratitud nos beneficiamos de un recuerdo agradable, producto de un evento vital positivo. Además, cuando expresamos gratitud a los demás también fortalecemos nuestra relación con ellos. En ocasiones, al dar las gracias a alguien lo hacemos tan a la ligera que apenas significa nada. Con este ejercicio tendrás la oportunidad de experimentar lo que supone en realidad expresar tu agradecimiento de una manera reflexiva y decidida.

Tu tarea consiste en escribir una carta de agradecimiento a esta persona y entregársela cara a cara. La carta debe ser concreta y de unas 300 palabras como máximo. No te andes por las ramas y describe cómo influyó en tu vida. Hazle saber lo que estás haciendo ahora y no te olvides de mencionar que todavía recuerdas lo que hizo por ti. Después de redactar tu carta de agradecimiento, llama a esa persona y cuéntale que te gustaría verla. No concretes el asunto que quieres tratar; este ejercicio es mucho más divertido cuando se trata de una sorpresa. Una vez que te reúnas con esa persona, tómate tu tiempo para leerle la carta.[7]

Si eres capaz de leer la carta frente a esa persona, prepárate: seguro que le tocarás el corazón. Todo el mundo llora cuando le leen una carta de agradecimiento. El doctor Seligman estudió las reacciones de quienes llevaron a cabo este ejercicio de gratitud una semana, un mes y tres meses después, y en todos los casos estaban más felices y presentaban menos síntomas de depresión.

4. **Muestra empatía y sé amable con las otras personas.**
Una vez buscamos la forma de entender el punto de vista de los demás, entendemos mejor sus sentimientos. Las meditaciones de amor propio y los ejercicios de mindfulness son dos tipos de actividad que promueven la empatía y los sentimientos positivos, tanto hacia uno mismo como hacia los demás. Una comunicación más efectiva y buscar otros puntos de vista nos permite generar conexiones significativas.

    En la actualidad, mucha gente está experimentando sensaciones de malestar. ¿Hay alguien a quien puedas llamar para preguntarle cómo está? ¿Hay alguna persona que conozcas y que sabes que necesita hablar con alguien?

    La investigación al respecto demuestra que la empatía fomenta la felicidad. Todo el mundo ha oído hablar de los «actos de bondad altruista», esas acciones desinteresadas para ayudar o animar a un desconocido sin otra razón que sacarle una sonrisa. Hay muchas formas de mostrar amabilidad, pero aquí van algunas ideas:

    - Sonríe cuando te cruces con alguien por la calle.
    - Sujeta la puerta a quienes entren en una habitación detrás de ti.

- Practica la escucha activa.
- Pregunta a los demás cómo están.
- Manda flores a un amigo o amiga.
- Manda un chiste, un meme o una tira cómica a un amigo o amiga.
- Juega con tus mascotas.

Se ha demostrado que los gestos de altruismo aumentan el bienestar tanto de quien los lleva a cabo como de quien los recibe. Sin embargo, en un estudio dirigido por el doctor Timothy D. Windsor, del Centro de Investigación en Salud Mental de la Universidad Nacional de Australia, se halló que las personas que dedicaban *poco* o *demasiado* tiempo al voluntariado mostraban los mismos niveles de malestar. En cambio, quienes dedicaban una cantidad moderada de tiempo a ayudar a los demás presentaban unos niveles de satisfacción más elevados.[8]

En este sentido, el acrónimo que empleo para denominar a las personas a las que contrato en las Clínicas Amen y BrainMD viene de uno de mis jugadores favoritos de Los Angeles Lakers, Kentavious Caldwell-Pope, que juega con una energía y un entusiasmo contagiosos. De camino a casa tras asistir a un partido de los Lakers en el que Kentavious estaba jugando bien y parecía estar pasándolo en grande, pensé que quería a gente en mi equipo que fuera como él: Amable, Competente y Apasionada (en inglés, *Kind, Competent, and Passionate*, KCP). Eso ha contribuido de forma eficaz a generar buen ambiente en nuestros equipos de las Clínicas Amen; porque nos enfocamos en la amabilidad, la competencia y la pasión por la salud cerebral.

5. **Céntrate en tus éxitos y puntos fuertes.** Una virtud básica para las intervenciones de psicología positiva es prestar atención a lo positivo en lugar de a lo negativo. Del mismo modo, centrarte en tus puntos fuertes en lugar de en tus debilidades es esencial. En 2005, el doctor Seligman participó en un estudio que reveló que los ejercicios que centran la atención en las fortalezas incrementan la felicidad y reducen los síntomas depresivos al cabo de apenas un mes. No obstante, es fundamental que cada persona identifique y *use* de manera adecuada sus puntos fuertes; limitarse a hablar de ellos no aporta los mismos beneficios.[9]

Prueba a anotar cinco actividades que se te den bien. Si dudas, pregunta en tu entorno qué creen que haces bien.

Luego, plantéate distintas formas de utilizar esas virtudes en tu vida cotidiana. Por ejemplo, quizá te has criado en un hogar bilingüe y tienes un nivel nativo del otro idioma. ¿Podrías aprovechar esa capacidad para mejorar tu carrera profesional? Puedes actuar del mismo modo con otras habilidades, como la informática o la capacidad de liderazgo. Tus habilidades personales se convertirán, así, en tus puntos fuertes.

Una clave para centrarte en tus virtudes es poseer las expectativas y aspiraciones adecuadas. Es interesante cómo desde la infancia nos transmiten el mito de que podemos llegar a ser lo que queramos; por ejemplo, presidente de Estados Unidos. De este modo, llegamos a la edad adulta con grandes expectativas y esperanzas de un futuro brillante, pero si algo hemos aprendido de la pandemia es que hoy en día *no podemos dar nada por sentado*.

Si eliminas o reduces cualquier expectativa poco realista, se incrementará tu felicidad. Existen muy pocas probabilidades de que tu carrera profesional, tu pareja o tus hijos, por ejemplo, sean perfectos. De hecho, buscar la perfección es una buena receta para la infelicidad, porque siempre acabarás sufriendo una decepción. Por tanto, genera siempre unas expectativas acordes con tu situación actual y con lo que has aprendido de ti a través de una evaluación basada en tus puntos fuertes.

Asimismo, haz hincapié en esos puntos fuertes que sabes que tienes. ¿Qué has logrado? Cuando le hice esta pregunta a uno de mis pacientes me respondió que no era capaz de mantener una relación. Se había casado once veces. De modo que usamos el sesgo de positividad y reformulamos la situación para que lograra entender que le resultaba fácil iniciar relaciones y encontrar pareja. Con el fin de poder trabajar el motivo por el que no era capaz de mantener una relación duradera teníamos que partir de uno de sus puntos fuertes; más adelante mejoraríamos sus puntos débiles.

¿Qué has logrado? Escríbelo. Memorízalo. Yo tengo un archivo en el teléfono móvil donde voy anotando los eventos en los que participo o los que organizo, y lo releo siempre que me siento desanimado.

6. **Entrena tu mente para que viva en el presente.** Todo el mundo ha oído alguna vez frases como «vive el momento» o «aprovecha al máximo cada instante», y la realidad es que la mayoría de los estudios muestra

que las personas felices viven con mayor plenitud el momento que las infelices. Un par de investigadores de Harvard puso a prueba este concepto diseñando una aplicación para analizar minuto a minuto los pensamientos, sentimientos y acciones de las personas.[10] Y hallaron que la gente infeliz tendía a pensar en lo que *no* estaba ocurriendo tanto como en lo que *sí* ocurría, y eso les hacía infelices. En cambio, las personas felices prestaban más atención al presente y no se preocupaban por las heridas del pasado, no se estresaban por los remordimientos ni se obsesionaban con lo que podría pasar en el futuro. Al revés, centraban su atención en el momento presente, es decir, eran del todo conscientes de lo que estaba sucediendo en el momento que estaban viviendo.

Estar presente es fundamental para la salud y la felicidad. Eso te permitirá reconocer mejor todo lo que te rodea. Esto no significa que debas vaciar la mente de pensamientos, sino que prestes atención a lo que haces, con quién estás y qué estás experimentando.

Hace un tiempo, tras haber perdido a una persona clave para mí y estar pasando un duelo, leí por casualidad el libro *El poder del ahora*, de Eckhart Tolle. El dolor me forzaba a rebuscar en los recuerdos, y me producía ansiedad y una terrible opresión en el pecho.

Mis intestinos tampoco funcionaban bien, y la verdad es que me sentía bastante miserable. El principal concepto que aprendí de *El poder del ahora* fue que era mi mente la que me hacía sufrir, porque permitía que los pensamientos repetitivos me robaran la energía vital. Cuando no estaba pensando en algo que me ocurriría en el futuro me preocupaba por lo que había sucedido en el pasado. Sin embargo, una vez que lograba centrarme en el momento presente era capaz de liberarme del dolor emocional del pasado y de las preocupaciones por el futuro.

Pensar en el presente es fundamental también cuando se viven tiempos difíciles. Es decir, aunque queramos alejarnos o escapar del dolor, debemos *adentrarnos* en él. En mi libro *Your Brain Is Always Listening* escribí sobre la importancia de dejar que el dolor nos afecte y llorar en los momentos de pérdida.[11] Porque una vez que reconocemos nuestro dolor y nos adentramos en él, empieza a disiparse. Al estar presentes y ser conscientes de dónde nos encontramos, tenemos una mayor propensión a la felicidad y la seguridad, a manejar mejor el dolor, a reducir el impacto del estrés en la salud y a afrontar mejor las emociones difíciles.[12]

Durante un tiempo empleé una técnica para centrar la mente en el momento presente; consiste en un breve ejercicio de consciencia antes de arrancar el coche. Cada vez que me acomodaba en el asiento del conductor, colocaba las manos sobre el volante, observando su posición y el material que lo envuelve. Dedicar entre 20 y 30 segundos a este gesto antes de encender el motor se llegó a convertir en un ejercicio consciente de ralentización que me permitía «anclarme» en el momento presente. Al observar mis manos y mi respiración, lograba sincronizar cuerpo y mente con el aquí y el ahora.

Y es que ¿quién no necesita un recordatorio para agarrar el volante u oler las rosas mientras circula por la vida? Una vez que elegimos saborear el mundo que nos rodea (desde aspirar el reconfortante olor de la ropa recién salida de la secadora hasta disfrutar con lentitud de los deliciosos sabores de la comida) conseguimos reforzar nuestras experiencias sensoriales.

Una parte fundamental de vivir el presente consiste en no preocuparse por el futuro, porque eso destruye tu sensación de felicidad. Es posible que preocuparse sea natural para mucha gente, pero la mayoría no somos conscientes de hasta qué punto nos obsesionamos con pensamientos aciagos sobre el futuro. La investigación al respecto ha hallado que las personas felices se preocupan mucho menos que las infelices.[13] Aunque esta idea no es nueva; de hecho, hay un pasaje maravilloso sobre ello en la Biblia:

> Por tanto, os digo: no os afanéis por vuestra vida, qué habéis de comer o qué habéis de beber; ni por vuestro cuerpo, qué habéis de vestir. ¿No es la vida más que el alimento, y el cuerpo más que el vestido? Mirad las aves del cielo, que no siembran, ni siegan, ni almacenan en graneros; y vuestro Padre celestial las alimenta. ¿No valéis vosotros mucho más que ellas? ¿Y quién de vosotros podrá, por mucho que se afane, añadir a su estatura un codo?
>
> MATEO, 6:25-27

7. **Sé una persona positiva eliminando todo lo negativo.** Cuanto más deseamos tener pensamientos positivos, más adora la mente adentrarse en terreno pantanoso. Al principio de mi carrera traté a muchísimos pacientes que se quejaban de sus pensamientos negativos; decían que eran profundos y oscuros, que se sentían como si estuvieran en piloto automático, compartiendo sus pensamientos negativos una y otra vez.

La mayoría de la gente no sabe que los pensamientos positivos y negativos liberan diferentes sustancias químicas en el cerebro. Cada vez que tienes un pensamiento feliz, una idea inspiradora o un sentimiento amoroso, tu cerebro libera químicos de la felicidad como la dopamina, la serotonina y las endorfinas, que ayudan a calmarte. En cambio, cuando ese pensamiento es negativo, el cerebro libera (o reduce) ciertos químicos, dejándote en un estado de enojo, tristeza o estrés. La liberación de hormonas del estrés, como el cortisol y la adrenalina, y el agotamiento de neurotransmisores que provocan bienestar (dopamina y serotonina) alteran la química de tu cuerpo y el enfoque de tu cerebro. Y esto te hace sentir infeliz.

Es difícil ascender en la escalera de la felicidad cuando la negatividad tira de ti hacia abajo. Es cierto que la vida está llena de problemas, desengaños y decepciones; nos suceden cosas malas tanto en lo personal como en lo profesional, las relaciones terminan, y amigos y familiares fallecen. Es fundamental afrontar el duelo por las pérdidas, como lo hice yo con mi padre, y desde luego el proceso de luto se maneja mejor cuando te das el tiempo y el espacio para hacerlo. Debes entender que pueden pasar semanas o meses antes de que regreses más o menos al mismo nivel de felicidad que tenías antes.

Lo que sí puedes controlar es cómo reaccionas ante las inevitables adversidades que te suceden. Cuestiona tus pensamientos para lograr una visión más positiva.

8. **Busca la diversión y la risa en tu vida.** ¿Quieres inyectar un poco de positividad en tu existencia? Ríete más. Cada vez que sueltas una carcajada, tu cerebro libera las sustancias químicas de la felicidad (dopamina, oxitocina y endorfinas) y, al mismo tiempo, disminuyen los niveles de la hormona del estrés, el cortisol. Una carcajada es como una droga que cambia la química de tu cerebro para que te sientas más feliz, y lo hace de forma casi instantánea.

Por desgracia, la risa escasea hoy en día, sobre todo a medida que envejecemos. «La pérdida colectiva del sentido del humor es un grave problema que afecta a personas y empresas de todo el mundo», afirman Jennifer Aaker y Naomi Bagdonas, autoras de *Humor, Seriously*. Ambas señalan que los resultados de una encuesta de Gallup en la que participaron casi un millón y medio de personas de 166 países revelaron que la frecuencia con la que reímos o sonreímos cada día empieza a caer en picado en torno a los veintitrés años.[14] Esto explica por qué los adultos se ríen una media de 4,2 veces al día, que es un número muy pobre en comparación con las carcajadas y los estallidos de risa de niños y niñas: ellos se ríen una media de 300 veces al día.

Pero ¿qué es la risa y cómo se produce? La risa muestra una emoción, como la alegría, el regocijo o el desprecio, mediante una carcajada o un sonido vocal explosivo.

Sin embargo, lo que no menciona esta definición es dónde empieza la risa, y eso ocurre en el cerebro. Sabemos que su hemisferio izquierdo es el responsable de interpretar las palabras, incluidos los chistes; el derecho se ocupa de identificar el significado del chiste o si la situación es graciosa. El CPF (la corteza prefrontal) lleva el control de las respuestas emocionales, pero no hay que olvidar que los ganglios basales (la zona del cerebro que integra el movimiento y la emoción) se activan cuando vemos una película o un programa de comedia en televisión. Estas áreas producen las acciones físicas de la risa.

Lo mejor de la risa es lo buena que es para ti. Un estudio de la Universidad de Loma Linda sobre el efecto de la risa demostró que la jocosidad y la alegría liberan endorfinas (los analgésicos del cuerpo) y reducen la tensión arterial.[15] Como dice el refrán, la risa es la mejor medicina; y, según un famoso dicho atribuido a Mark Twain, «el humor es la mayor bendición de la humanidad».

¿Cómo puedes reírte más? Bueno, la risa es contagiosa, así que si tienes la oportunidad de ir al cine para ver una comedia, asistir a un espectáculo de monólogos o ver en directo una obra de teatro tipo farsa, no lo dudes. Al reír en grupo se crea un vínculo que te hace tender a expresar tus verdaderos sentimientos, lo que también ejerce un efecto positivo en tu vida.

En *Humor, Seriously*, Aaker y Bagdonas explican que hacer reír a los demás puede ser igual de beneficioso, ya que nos ayuda a parecer más inteligentes, refuerza los vínculos, fomenta la creatividad y fortalece la resiliencia. Pero ¿cómo puedes hacer reír a los demás si no has nacido con ese don? Con práctica. Cualquiera es capaz de sacar a relucir su ingenio usando dos elementos básicos del humor:

- Un hecho verídico.
- Algo inesperado.

Yo suelo utilizar estos dos principios del humor tanto en mis sesiones en la clínica como en mis libros o intervenciones televisivas. Lo hago porque me permite explicar información compleja de una forma más liviana y fácil de recordar. Sin ir más lejos, el siguiente es un ejemplo que puse en mi programa de la televisión nacional *Change Your Brain, Heal Your Mind.*

Estaba contando al público que era mi decimocuarto programa televisivo sobre el cerebro, y que allá donde voy, por todo el país, la gente me asegura que mis programas le han cambiado la vida. Así que les di los siguientes ejemplos:

> Hace poco, mientras paseaba, me crucé con una pareja que iba corriendo en mi dirección. La mujer me reconoció y dijo: «¡Oye, tú eres el médico del cerebro! Estamos haciendo ejercicio gracias a ti. ¡Mi marido no me hacía caso, pero al parecer a ti sí!».
>
> También conocí a una azafata que me contó que había perdido diez kilos y superado una depresión desde que veía mis programas. Había cambiado su dieta de arriba abajo y ahora salía a caminar con su marido y sus hijos.
>
> Además, un profesor de Stanford me dijo que había dejado de beber gracias a mis

programas y que ahora se levanta sintiéndose al cien por cien cada día.

Entonces solté algo inesperado:

> Pero mi anécdota favorita es la de una mujer de ochenta y siete años que me contó que había vuelto a tener citas después de ver mis programas; descubrió que estar sola no era bueno para su cerebro. Con una gran sonrisa, me dijo que había conocido a un hombre maravilloso de ochenta años en internet y que se lo estaban pasando mejor que nunca. En ese momento, me pregunté en voz alta si eso la convertía en una «asaltacunas».

Nada más mencionar el término, el público estalló en carcajadas. Todo era cierto, pero añadí un toque inesperado que hizo reír a mi audiencia desde el cerebro. Y al hacerles reír mi propio cerebro liberó un cóctel de neuroquímicos que me hizo sentir feliz también a mí.

9. **Termina el día preguntándote:** *¿Qué ha ido bien hoy?* Ya he explicado cómo el ejercicio de entrenar el sesgo de positividad me ha ayudado en mi propia vida, en especial el día que perdí a mi padre. No necesitas

esperar a que llegue la noche y te acuestes para preguntarte qué ha ido bien durante el día; este es un ejercicio excelente que cualquier familia puede poner en práctica en torno a la mesa. Es, de hecho, algo que hacemos en casa de los Amen.

Hace un par de años, dos de mis sobrinas vinieron a vivir con nosotros porque sus padres luchaban contra algunas adicciones, y Tana y yo queríamos ofrecerles un entorno familiar más saludable. Ahora tienen 17 y 12 años. Durante el desayuno, siempre les preguntamos: «¿Por qué hoy va a ser un gran día?». Y en la cena conversamos sobre lo que ha ido bien durante el día. Así es como animo a las familias a hacerlo: busca un momento cada día para orientarlo en una dirección positiva y acábalo repasando juntos lo que ha salido bien.

Siempre puedo encontrar algo positivo en cada día. Y tú también puedes, incluso en los momentos difíciles. Buscar lo bueno que ocurre a lo largo de tus horas de vigilia entrena al cerebro para identificar tus «mejores momentos». Reflexionar sobre las cosas positivas que te han pasado ayuda a que tus sueños sean más agradables, mejorando así tu descanso, tu estado de ánimo y tu energía. Al dormirte más feliz, te despiertas más feliz y en el estado idóneo para afrontar el día con una actitud positiva.

## La vida es como un pícnic

Del mismo modo que la plaga de hormigas que apareció en mi cocina hace unos años, los PNA infestarán tu cabeza todos los días. Algunas veces apenas captarás sus murmullos; otras, los oirás gritar con vehemencia. Pero sabes que lo arruinarán todo si dejas que afecten a tus pensamientos, tus sentimientos y tu conducta. No obstante, si practicas los ejercicios que hemos tratado en este libro, serás capaz de identificarlos y deshacerte de ellos antes de que tomen el control.

Es más, si aparte de eliminarlos los reemplazas por pensamientos positivos, aumentarás tu confianza y resiliencia, y estarás en posesión de los suficientes recursos para afrontar cualquier contratiempo que la vida te ponga por delante, sea una ruptura amorosa, la pérdida de tu trabajo o una enfermedad.

De esta manera evitarás que los pensamientos negativos o los hábitos dañinos afecten a tu salud y tus relaciones, incluso en épocas de crisis, estrés o tristeza. Serás capaz de reconocer qué es cierto y qué no, elevar tu autoestima, disciplinar tu mente y sentir más felicidad, tranquilidad y poder sobre tu destino.

Una vez que domines estos ejercicios, ¡compártelos! De ese modo estarás trabajando para crear un grupo de apoyo que te permitirá mantener esos nuevos hábitos el resto de tu vida.

Recuerda, la vida puede ser como un pícnic. ¡Solo necesitas deshacerte de esos molestos bichos que son los PNA!

APÉNDICE A

# CÓMO EL CUESTIONAR 100 DE TUS PEORES PENSAMIENTOS PUEDE CAMBIAR TU VIDA

UNO DE LOS PRIMEROS EJERCICIOS QUE recomiendo a mis pacientes es anotar sus peores 100 PNA. Luego analizamos cada uno mediante un proceso de eliminación. Si lo haces con dedicación y consciencia, te aseguro que erradicarás tus PNA, pondrás fin a los pensamientos autodestructivos y tendrás más control sobre tu felicidad y tu destino. Al fin y al cabo, el cerebro aprende por repetición.

Los pensamientos rebeldes o negativos son como un mal hábito: cuanto más los repites, con más facilidad te atacan y se apoderan de tu mente. Estos patrones de pensamiento perjudiciales se fortalecen a través de un proceso llamado «potenciación a largo plazo» (LTP son sus siglas en inglés). Cuando las neuronas se activan juntas, se conectan entre sí, haciendo que los pensamientos negativos echen raíces en tu vida. Por eso es fundamental repetir este ejercicio 100 veces, para entrenar al cerebro en una forma de pensar más racional y saludable.

No has de creerte cada pensamiento que te ronda por la cabeza. Si deseas alcanzar la libertad emocional, es esencial desarrollar la habilidad de guiar y dirigir tus pensamientos. Este es el primer paso hacia una sólida disciplina mental. Cada vez que te sientas triste, fuera de control, con ansiedad o enfado, anota tus PNA, identifica a qué tipo pertenecen (puede haber más de uno) y luego hazte las cinco preguntas clave, mencionadas brevemente en el capítulo 2, que aprendí de Byron Katie. Ten la seguridad de que suponen un gran cambio. No hay respuestas correctas o incorrectas, solo preguntas diseñadas para abrir tu mente a nuevas posibilidades. Reflexiona sobre cada respuesta y observa cómo te hacen sentir. Pregúntate si esos pensamientos que te generan estrés están mejorando o empeorando tu vida.

**PNA:**

**Tipo o tipos de PNA:**

**Cinco preguntas**

1. **¿Es cierto?** En algunas ocasiones esta simple pregunta parará los pies al PNA, porque sabes muy bien que no es cierto. En otras, tu respuesta puede ser: «No lo sé». En este caso, no actúes como si el pensamiento negativo fuera cierto. A veces tal vez creas que lo que piensas es verdad, por eso es básico que te formules la segunda pregunta.

2. **¿Es cierto al cien por cien?**

3. **¿Cómo me siento cuando creo que este pensamiento es cierto?**

4. **¿Cómo me sentiría si no tuviera este pensamiento?**

5. **Dale la vuelta al pensamiento y pregúntate: «¿Hay alguna evidencia que demuestre su certeza?». Luego usa esta reflexión para meditar.**

Durante la pandemia, uno de mis pacientes perdió su trabajo, entró en pánico y me confesó: «No encontraré trabajo nunca más». Le recomendé este ejercicio para trabajar ese pensamiento:

**PNA:** «No encontraré trabajo nunca más».

**Tipo de PNA:** de predicción de futuro.

1. **¿Es cierto?** Sí.

2. **¿Es cierto al cien por cien?** No, ya tengo trabajo a tiempo parcial asegurado.

3. **¿Cómo me siento cuando creo que este pensamiento es cierto?** Atrapado, victimizado, sin esperanza.

4. **¿Cómo me sentiría si no tuviera este pensamiento?** Libre, feliz, alegre, como suelo ser.

5. **Dale la vuelta al pensamiento:** «Puedo volver a encontrar trabajo». **¿Hay alguna evidencia que demuestre su certeza?** Sí. Tengo muchas habilidades que me pueden ayudar a encontrar trabajo.

**Meditación:** *Tengo muchas habilidades que me pueden ayudar a encontrar trabajo.*

Si practicas este ejercicio con tus pensamientos más tóxicos, tu vida cambiará, porque tu cerebro dejará de escuchar los pensamientos negativos de tu cabeza y empezará a prestar atención a la verdad. Recuerda, no se trata de ser optimista, sino de pensar de forma acertada. Para que puedas llevar a cabo de un modo correcto este ejercicio, te ofrezco un par de ejemplos más.

### DE UN HOMBRE QUE ESTABA SUMIDO EN UNA DEPRESIÓN

**PNA:** «Acabaré siendo como mi padre, que nos abandonó».

**Tipo de PNA:** de predicción de futuro.

1. **¿Es cierto?** No

2. **¿Es cierto al cien por cien?** No, siempre estoy cuando mi mujer o mis hijos me necesitan.

3. **¿Cómo me siento cuando creo que este pensamiento es cierto?** Siento tristeza, ansiedad, malestar. Me siento perdido, fracasado, ruin.

4. **¿Cómo me sentiría si no tuviera este pensamiento?** Aliviado, liberado, seguro de mí mismo.

5. **Dale la vuelta al pensamiento**: «No voy a acabar como mi padre». ¿Hay alguna evidencia que demuestre su certeza? Sí. Tengo una buena familia, un empleo y no consumo drogas.

**Meditación**: *No voy a acabar como mi padre.*

## DE UNA MUJER QUE TESTIFICÓ CONTRA UN HOMBRE QUE ASESINÓ A SU HIJO EN UNA PELEA DE BAR

**PNA**: «Soy mala persona porque quiero que ese hombre sufra».

**Tipo de PNA**: de poner etiquetas.

1. **¿Es cierto?** No

2. **¿Es cierto al cien por cien?** No

3. **¿Cómo me siento cuando creo que este pensamiento es cierto?** Fatal, como si fuera mala persona. ¿Quién soy yo para juzgar a los demás?

4. **¿Cómo me sentiría si no tuviera este pensamiento?** Triste por la pérdida de mi hijo, pero sin reprocharme nada.

5. **Dale la vuelta al pensamiento**: «No soy mala persona. Todo lo contrario. Solo voy a contar la verdad para que el sistema judicial pueda hacer su trabajo». **¿Hay alguna evidencia que demuestre su certeza?** Sí. Soy muy generosa con los demás.

**Meditación**: *Soy muy generosa con los demás.*

## DE UN POLICÍA QUE ESTABA ESTRESADO POR SU TRABAJO

**PNA**: «Mi trabajo no está cambiando nada».

**Tipo de PNA**: de «todo o nada».

1. **¿Es cierto?** Sí.

2. **¿Es cierto al cien por cien?** No.

3. **¿Cómo me siento cuando creo que este pensamiento es cierto?** Inútil, débil, desanimado, triste.

4. **¿Cómo me sentiría si no tuviera este pensamiento?** Optimista, satisfecho, orgulloso, motivado, feliz.

5. **Dale la vuelta al pensamiento**: «Estoy trabajando para cambiar las cosas». **¿Hay alguna evidencia que**

**demuestre su certeza?** Sí. Cada día hago buenas acciones para ayudar a los demás.

**Meditación:** *Cada día hago buenas acciones para ayudar a los demás.*

## DE UN EMPLEADO DEL DEPARTAMENTO DE ESTADO QUE TENÍA DIFICULTADES CON SUS COLEGAS DE TRABAJO

**PNA:** «Cuanto más me esfuerzo, peor estoy».

**Tipo de PNA:** de «todo lo malo».

1. **¿Es cierto?** Sí.

2. **¿Es cierto al cien por cien?** No.

3. **¿Cómo me siento cuando creo que este pensamiento es cierto?** Enfadado, inútil, desmotivado.

4. **¿Cómo me sentiría si no tuviera este pensamiento?** Motivado, feliz, más presente en lo que hago.

5. **Dale la vuelta al pensamiento:** «Cuanto más me esfuerzo, mejor estoy». **¿Hay alguna evidencia que demuestre su certeza?** Sí. Cuanto más me esfuerzo en

mi trabajo, más resultados obtengo para ayudar a los demás.

**Meditación:** *Cuanto más me esfuerzo en mi trabajo, más resultados obtengo para ayudar a los demás.*

## DE UNA VIUDA CON CUATRO HIJOS QUE PADECE ESTRÉS CRÓNICO Y NO ES FELIZ, PERO NO SE ATREVE A PEDIR AYUDA A SU FAMILIA

**PNA:** «Debería ser más fuerte».

**Tipo de PNA:** de culpa.

1. **¿Es cierto?** Sí.

2. **¿Es cierto al cien por cien?** No. Por el momento, no soy capaz de apañármelas sin ayuda.

3. **¿Cómo me siento cuando creo que este pensamiento es cierto?** Derrotada, deprimida, desbordada, con ganas de huir.

4. **¿Cómo me sentiría si no tuviera este pensamiento?** Como una buena madre, porque sería capaz de pedir ayuda y recibirla cuando lo necesitara.

5. **Dale la vuelta al pensamiento**: «No tengo por qué ser la más fuerte». **¿Hay alguna evidencia que demuestre su certeza?** Sí. Mi familia me ha ofrecido ayuda y puedo aceptarla con gratitud.

**Meditación:** *Puedo pedir ayuda.*

No resulta tan complicado, ¿verdad? ¡Ahora pruébalo tú!

PNA: _____

Tipo de PNA _____

1. ¿Es cierto? _____

2. ¿Es cierto al cien por cien? _____

3. ¿Cómo me siento cuando creo que este pensamiento es cierto? _____
_____
_____

4. ¿Cómo me sentiría si no tuviera este pensamiento?
_____
_____
_____

5. Dale la vuelta al pensamiento: _____
_____
_____

   ¿Hay alguna evidencia que demuestre su certeza?
   _____
   _____

**Meditación:** _____
_____
_____
_____
_____
_____
_____

**PNA:** _____

**Tipo de PNA** _____

1. ¿Es cierto? _____

2. ¿Es cierto al cien por cien? _____

3. ¿Cómo me siento cuando creo que este pensamiento es cierto? _____
_____
_____

4. ¿Cómo me sentiría si no tuviera este pensamiento?

   _____
   _____
   _____

5. Dale la vuelta al pensamiento: _____
   _____
   _____

   ¿Hay alguna evidencia que demuestre su certeza?
   _____
   _____

Meditación: _____
_____
_____
_____
_____
_____
_____

PNA: _____

Tipo de PNA _____

1. ¿Es cierto? _____

2. ¿Es cierto al cien por cien? _____

3. ¿Cómo me siento cuando creo que este pensamiento es cierto? _____
   _____
   _____

4. ¿Cómo me sentiría si no tuviera este pensamiento?
   _____
   _____
   _____

5. Dale la vuelta al pensamiento: _____
   _____
   _____

   ¿Hay alguna evidencia que demuestre su certeza?
   _____
   _____

**Meditación:** _____
_____
_____
_____
_____
_____
_____

APÉNDICE B

# VERSÍCULOS DE LA BIBLIA PARA AYUDAR A VENCER LOS PENSAMIENTOS NEGATIVOS

ES CASI IMPOSIBLE ESTAR COMPLETAMENTE FELIZ siempre. Sin embargo, cuando aparezcan pensamientos negativos, una de las formas más sencillas y potentes de afrontarlos es dedicar tiempo a la oración y meditar en silencio en la Palabra de Dios. A continuación, encontrarás 27 pasajes inspiradores de las *Escrituras* que te ayudarán a renovar la mente, revitalizar tu alma y fortalecer tu espíritu.

> Por último, hermanos, consideren bien todo lo verdadero, todo lo respetable, todo lo justo, todo lo puro, todo lo amable, todo lo digno de admiración, en fin, todo lo que sea excelente o merezca elogio.
> FILIPENSES, 4:8

Abandonen toda amargura, ira y enojo, gritos
y calumnias y toda forma de malicia. Más bien,
sean bondadosos y compasivos unos con otros
y perdónense mutuamente, así como Dios los
perdonó a ustedes en Cristo.

EFESIOS, 4:31-32

No se amolden al mundo actual, sino sean
transformados mediante la renovación de su
mente. Así podrán comprobar cómo es la
voluntad de Dios: buena, agradable y perfecta.

ROMANOS, 12:2

No devuelvan mal por mal ni insulto por insulto;
más bien, bendigan, porque para esto fueron
llamados, para heredar una bendición.

I PEDRO, 3:9

No se preocupen por nada; más bien, en toda
ocasión, con oración y ruego, presenten sus
peticiones a Dios y denle gracias. Y la paz de
Dios, que sobrepasa todo entendimiento, cuidará
sus corazones y sus pensamientos en Cristo Jesús.

FILIPENSES, 4:6-7

Por lo tanto, no se preocupen por el mañana, el cual tendrá sus propios afanes. Cada día tiene ya sus problemas.

MATEO, 6:34

Digan a los de corazón temeroso:
    «Sean fuertes, no tengan miedo. Su Dios vendrá,
        vendrá con venganza; con retribución divina
        vendrá a salvarlos».

ISAÍAS, 35:4

La angustia abate el corazón del hombre,
    pero una palabra amable lo alegra.

PROVERBIOS, 12:25

Humíllense, pues, bajo la poderosa mano de Dios, para que él les exalte cuando fuere tiempo; echando toda su ansiedad sobre él, porque él tiene cuidado de ustedes.

I PEDRO, 5:6-7

Tomen mi yugo sobre ustedes y aprendan de mí, que soy manso y humilde de corazón, y hallarán descanso para sus almas.

MATEO, 11:29

¿Y quién de ustedes, por ansioso que esté,
puede añadir una hora al curso de su vida?

MATEO, 6:27

La paz les dejo, mi paz les doy; no se la doy como el mundo la da. No se turbe su corazón, ni tenga miedo.

JUAN, 14:27

No teman, rebaño pequeño, porque el Padre ha decidido darles el reino.

LUCAS, 12:32

El Señor es el que me ayuda;
    no temeré.
    ¿Qué podrá hacerme el hombre?

HEBREOS, 13:6

Sé que no hay nada mejor para ellos que regocijarse y hacer el bien en su vida; además, que todo hombre que coma y beba y vea lo bueno en todo su trabajo, eso es don de Dios.

ECLESIASTÉS, 3:12-13

«Porque yo sé los planes que tengo para ustedes
—declara el Señor—. Planes de bienestar y
no de calamidad, para darles un futuro y una
esperanza».

JEREMÍAS, 29:11

Echa sobre el Señor tu carga,
    y Él te sustentará;
    Él nunca permitirá que el justo sea sacudido.

SALMOS, 55:22

Si ustedes permanecen en mí, y mis palabras
permanecen en ustedes, pidan lo que quieran y
les será hecho.

JUAN, 15:7

Y Jesús respondió diciéndoles: «Tengan fe en
Dios. En verdad os digo que cualquiera que diga
a este monte: "Quítate y arrójate al mar", y no
dude en su corazón, sino que crea que lo que dice
va a suceder, le será concedido. Por eso les digo
que todas las cosas por las que oren y pidan, crean
que ya las han recibido, y les serán concedidas.
Y cuando estén orando, perdonen si tienen algo

contra alguien, para que también su Padre que
está en los cielos les perdone sus transgresiones».

MARCOS, 11:22-25

Claman los justos, y el Señor los oye,
    y les libra de todas sus angustias.

SALMOS, 34:17

Siempre tengo presente al Señor;
    con él a mi derecha, nada me hará caer.

SALMOS, 16:8

Este es el día que el Señor ha hecho;
regocijémonos y alegrémonos en él.

SALMOS, 118:24

Desde mi angustia clamé al Señor y él respondió
dándome libertad.
    El Señor está conmigo y no tengo miedo; ¿qué
        me puede hacer un simple mortal?
    El Señor está conmigo, él es mi ayuda; veré por
        los suelos a los que me odian.
    Es mejor refugiarse en el Señor que confiar en el
        hombre.

SALMOS, 118:5-6

Ahora bien, sabemos que Dios dispone todas las cosas para el bien de quienes lo aman, los que han sido llamados de acuerdo con su propósito.
ROMANOS, 8:28

¿No te lo he ordenado yo? ¡Sé fuerte y valiente! No temas ni te acobardes, porque el Señor tu Dios estará contigo dondequiera que vayas.
JOSUÉ, 1:9

¿Quién de ustedes, por mucho que se preocupe, puede añadir una sola hora al curso de su vida?
LUCAS, 12:25

Porque no nos ha dado Dios espíritu de cobardía, sino de poder, de amor y de dominio propio.
SEGUNDA EPÍSTOLA A TIMOTEO, 1:7

# NOTAS

**INTRODUCCIÓN**

1. K. McSpadden, «You Now Have a Shorter Attention Span Than a Goldfish», Time, 14 de mayo de 2015, http://time.com/3858309/attention-spans-goldfish/
2. J. Twenge, «What Might Explain the Unhappiness Epidemic?», *The Conversation*, 22 de enero de 2018, https://theconversation.com/what-might-explain-the-unhappiness-epidemic-90212
3. Dennis Prager, «Why Be Happy?», *PragerU*, 20 de enero de 2014, vídeo, https://www.youtube.com/watch?v=_Zxnw0l499g

## CAPÍTULO 2. ERES LO QUE PIENSAS

1. Natalie L. Marchant *et al.*, «Repetitive Negative Thinking Is Associated with Amyloid, Tau, and Cognitive Decline», *Alzheimer's & Dementia* 16, n.º 7 (7 de junio de 2020): 1054–1064, https://alz-journals.onlinelibrary.wiley.com/doi/full/10.1002/alz.12116

2. Majid Fotuhi, «Can You Grow Your Hippocampus? Yes. Here's How, and Why It Matters», *SharpBrains*, 4 de noviembre de 2015, https://sharpbrains.com/blog/2015/11/04/can-you-grow-your-hippocampus-yes-heres-how-and-why-it-matters/

3. Daniel Amen, *Change Your Brain, Change Your Life*, ed. rev. (Nueva York: Harmony Books, 2015), 44, 49–55.

4. Lee más sobre los factores de riesgo BRIGHT MINDS en *Memory Rescue or The End of Mental Illness.*

5. R. F. Baumeister *et al.*, «Bad Is Stronger Than Good», *Review of General Psychology* 5, n.º 4 (diciembre de 2001): 323–370, doi: 10.1037/1089-2680.5.4.323

6. J. McCoy, «New Outbrain Study Says Negative Headlines Do Better Than Positive», *Business 2 Community*, 15 de marzo de 2014, https://www.business2community.com/blogging/new-outbrain-study-says-negative-headlines-better-positive-0810707

7. R. Williams, «Are We Hardwired to Be Negative or Positive?», *ICF*, 30 de junio de 2014, https://coachfederation.org/are-we-hardwired-to-be-negative-or-positive/

8. R. Hanson, «Confronting the Negativity Bias», *Rick Hanson (blog)*, consultado el 25 de marzo de 2018, http://www.rickhanson.net/how-your-brain-makes-you-easily-intimidated/

9. C. A. Lengacher et al., «Immune Responses to Guided Imagery during Breast Cancer Treatment», *Biological*

*Research for Nursing* 9, n.º 3 (enero de 2008): 205–214, doi: 10.1177/1099800407309374

C. Maack y P. Nolan, «The Effects of Guided Imagery and Music Therapy on Reported Change in Normal Adults», *Journal of Music Therapy* 36, n.º 1 (1 de marzo de 1999): 39–55; A. G. Walton, «7 Ways Meditation Can Actually Change the Brain», *Forbes*, 9 de febrero de 2015, https://www.forbes.com/sites/alicegwalton/2015/02/09/7-ways-meditation-can-actually-change-the-brain/#84adaf414658

10. H. Selye, *The Stress of Life* (Nueva York: McGraw Hill, 1978), 418.
11. A. Amin, «31 Benefits of Gratitude: The Ultimate Science-Backed Guide», *Happier Human*, consultado el 25 de marzo de 2018, http://happierhuman.com/benefits-of-gratitude/
12. C. Ackerman, «28 Benefits of Gratitude & Most Significant Research Findings», *Positive Psychology Program*, 12 de abril de 2017, https://positivepsychologyprogram.com/benefits-gratitude-research-questions/
13. B. H. Brummett et al., «Prediction of All-Cause Mortality by the Minnesota Multiphasic Personality Inventory Optimism-Pessimism Scale Scores: Study of a College Sample during a 40-Year Follow-Up Period», *Mayo Clinic Proceedings* 81, n.º 12 (diciembre de 2006): 1541–1544, doi: 10.4065/81.12.1541
14. L. S. Redwine et al., «Pilot Randomized Study of a Gratitude Journaling Intervention on Heart Rate Variability and Inflammatory Biomarkers in Patients with Stage B Heart Failure», *Psychosomatic Medicine* 78, n.º 6 (julio-agosto de 2016): 667–676, doi: 10.1097/PSY.0000000000000316
15. K. O'Leary y S. Dockray, «The Effects of Two Novel Gratitude and Mindfulness Interventions on Well-Being», *Journal of Alternative and Complementary Medicine* 21, n.º 4 (abril de 2015): 243–245, doi: 10.1089/acm.2014.0119

16. S. T. Cheng et al., «Improving Mental Health in Health Care Practitioners: Randomized Controlled Trial of a Gratitude Intervention», *Journal of Consulting and Clinical Psychology* 83, n.º 1 (febrero de 2015): 177–186, doi: 10.1037/a0037895

17. E. Ramírez et al., «A Program of Positive Intervention in the Elderly: Memories, Gratitude and Forgiveness», *Aging and Mental Health* 18, n.º 4 (mayo de 2014): 463–470, doi: 10.1080/13607863.2013.856858

18. S. M. Toepfer et al., «Letters of Gratitude: Further Evidence for Author Benefits», *Journal of Happiness Studies* 13, n.º 1 (marzo de 2012): 187–201.

19. T. K. Inagaki et al., «The Neurobiology of Giving Versus Receiving Support: The Role of Stress-Related and Social Reward-Related Neural Activity», *Psychosomatic Medicine* 78, n.º 4 (mayo de 2016): 443–453, doi: 10.1097/PSY.0000000000000302

20. J. J. Froh et al., «Counting Blessings in Early Adolescents: An Experimental Study of Gratitude and Subjective Well-Being», *Journal of School Psychology* 46, n.º 2 (abril de 2008): 213–233, doi: 10.1016/j.jsp.2007.03.005

21. M. E. Seligman *et al.*, «Positive Psychology Progress: Empirical Validation of Interventions», *American Psychologist* 60, n.º 5 (julio-agosto de 2005): 410–421, doi: 10.1037/0003-066X.60.5.410

22. K. Rippstein-Leuenberger *et al.*, «A Qualitative Analysis of the Three Good Things Intervention in Healthcare Workers», *BMJ Open* 7, n.º 5 (13 de junio de 2017): e015826, doi: 10.1136/bmjopen-2017-015826

23. M. Seligman, *Flourish: A Visionary New Understanding of Happiness and Well-Being* (Nueva York: Free Press, 2011).

24. S. Wong, «Always Look on the Bright Side of Life», *The Guardian*, 11 de agosto de 2009, https://www.theguardian.com/science/blog/2009/aug/11/optimism-health-heart-disease

H. A. Tindle *et al.*, «Optimism, Cynical Hostility, and Incident Coronary Heart Disease and Mortality in the Women's Health Initiative», *Circulation* 120, n.º 8 (25 de agosto de 2009): 656–662, doi: 10.1161/CIRCULATIONAHA.108.827642

R. Hernandez *et al.*, «Optimism and Cardiovascular Health: Multi-Ethnic Study of Atherosclerosis (MESA)», *Health Behavior and Policy Review* 2, n.º 1 (enero de 2015): 62–73, doi: 10.14485/HBPR.2.1.6

25. *Mayo Clinic*, «Mayo Clinic Study Finds Optimists Report a Higher Quality of Life than Pessimists», *ScienceDaily*, 13 de agosto de 2002, https://www.sciencedaily.com/releases/2002/08/020813071621.htm.

C. Conversano *et al.*, «Optimism and Its Impact on Mental and Physical Well-Being», *Clinical Practice and Epidemiology in Mental Health* 6 (2010): 25–29, doi: 10.2174/1745017901006010025

*Harvard Men's Health Watch*, «Optimism and Your Health», *Harvard Health Publishing*, 1 de mayo de 2008, https://www.health.harvard.edu/heart-health/optimism-and-your-health

26. E. S. Kim *et al.*, «Dispositional Optimism Protects Older Adults from Stroke: "The Health and Retirement Study"», *Stroke* 42, n.º 10 (octubre de 2011): 2855–2859, doi: 10.1161/STROKEAHA.111.613448

27. *Association for Psychological Science*, «Optimism Boosts the Immune System», *ScienceDaily*, 24 de marzo de 2010, www.sciencedaily.com/releases/2010/03/100323121757.htm

28. B. R. Goodin y H. W. Bulls, «Optimism and the Experience of Pain: Benefits of Seeing the Glass as Half Full», *Current*

*Pain and Headache Reports* 17, n.º 5 (mayo de 2013): 329, doi: 10.1007/s11916-013-0329-8

29. *International Association for the Study of Lung Cancer*, «Lung Cancer Patients with Optimistic Attitudes Have Longer Survival, Study Finds», *ScienceDaily*, 8 de marzo de 2010, www.sciencedaily.com/releases/2010/03/100303131656.htm

30. *University of California, Riverside*, «Keys to Long Life? Not What You Might Expect», *ScienceDaily*, 12 de marzo de 2011, https://www.sciencedaily.com/releases/2011/03/110311153541.htm

31. V. Venkatraman *et al.*, «Sleep Deprivation Biases the Neural Mechanisms Underlying Economic Preferences», *Journal of Neuroscience* 31, n.º 10 (9 de marzo de 2011): 3712–3718, doi: 10.1523/JNEUROSCI.4407-10.2011

32. A. J. Dillard *et al.*, «The Dark Side of Optimism: Unrealistic Optimism about Problems with Alcohol Predicts Subsequent Negative Event Experiences», *Personality and Social Psychology Bulletin* 35, n.º 11 (noviembre de 2009): 1540–1550, doi: 10.1177/0146167209343124

33. R. Ligneul *et al.*, «Shifted Risk Preferences in Pathological Gambling», *Psychological Medicine* 43, n.º 5 (mayo de 2013): 1059–1068, doi: 10.1017/S0033291712001900

34. C. M. Karns *et al.*, «The Cultivation of Pure Altruism via Gratitude: A Functional MRI Study of Change with Gratitude Practice», *Frontiers in Human Neuroscience* 11 (diciembre de 2017): artículo 599, doi: 10.3389/fnhum.2017.00599

35. Michael Wines, «In Memoir, Barbara Bush Recalls Private Trials of a Political Life», *The New York Times*, 8 de septiembre de 1994, http://www.nytimes.com/1994/09/08/us/in-memoir-barbara-bush-recalls-private-trials-of-a-political-life.html

«Barbara Bush Says She Fought Depression in '76», *The Washington Post*, 20 de mayo de 1990, https://www.washingtonpost.com/archive/politics/1990/05/20/barbara-bush-says-she-fought-depression-in-76/0ac40655-923e-448d-bfcc-aa3ea5cb88c8/?utm_term=.1bb20fdb6707

36. K. E. Buchanan y A. Bardi, «Acts of Kindness and Acts of Novelty Affect Life Satisfaction», *Journal of Social Psychology* 150, n.º 3 (mayo-junio de 2010): 235–237, doi: 10.1080/00224540903365554

37. L. B. Aknin *et al.*, «Happiness Runs in a Circular Motion: Evidence for a Positive Feedback Loop between Prosocial Spending and Happiness», *Journal of Happiness Studies* 13, n.º 2 (abril de 2012): 347–355, doi: 10.1007/s10902-011-9267-5

38. S. Q. Park *et al.*, «A Neural Link between Generosity and Happiness», *Nature Communications* 8 (2017): 159674, doi: 10.1038/ncomms15964

    S. G. Post, «Altruism, Happiness, and Health: It's Good to Be Good», *International Journal of Behavioral Medicine* 12, n.º 2 (2005): 66–77, doi: 10.1207/s15327558ijbm1202_4

    L. B. Aknin *et al.*, «Giving Leads to Happiness in Young Children», *PLoS One* 7, n.º 6 (2012): e39211, doi: 10.1371/journal.pone.0039211

## CAPÍTULO 3. EL PODER DE LA POSITIVIDAD

1. *Justin Bieber: Seasons* (YouTube Originals, 2020), temporada 1, episodio 9, «Album on the Way», 17 de febrero de 2020, vídeo, https://www.youtube.com/watch?v=pWcI-BeQqls&t=361s

    Kerry Breen, «What Is Havening? Experts Weigh In on Justin Bieber's Stress-Relieving Technique», *TODAY.com*, 3 de marzo de 2020, https://www.today.com/health/

what-havening-experts-weigh-justin-bieber-s-stress-relieving-technique-t174747

2. *Havening Techniques*, «Havening Touch», https://www.havening.org/about-havening/havening-touch
3. Madhuleena Roy Chowdhury, «19 Best Positive Psychology Interventions + How to Apply Them», *PositivePsychology.com*, actualizado el 4 de mayo de 2021, https://positivepsychology.com/positive-psychology-interventions/
4. Rob Hirtz, «Martin Seligman's Journey from Learned Helplessness to Learned Happiness», *Pennsylvania Gazette*, 4 de enero de 1999, https://www.upenn.edu/gazette/0199/hirtz.html
5. Chowdhury, «19 Best Positive Psychology Interventions».
6. Steve Maraboli, *If You Want to Find Happiness Find Gratitude* (autoedición, 2020).
7. Martin E. P. Seligman, *Flourish* (Nueva York: Free Press, 2011), capítulo 2.
8. Timothy D. Windsor, Kaarin J. Anstey y Bryan Rodgers, «Volunteering and Psychological Well-Being among Young-Old Adults: How Much Is Too Much?», *Gerontologist* 48, n.º 1 (febrero de 2008): 59–70, https://pubmed.ncbi.nlm.nih.gov/18381833/
9. Bryant M. Stone y Acacia C. Parks, «Cultivating Subjective Well-Being through Positive Psychological Interventions», en *Handbook of Well-Being*, editado por Ed Diener, Shigehiro Oishi y Louis Tay (Salt Lake City: DEF Publishers, 2018), https://www.nobascholar.com/chapters/59/download.pdf
10. Matthew A. Killingsworth y Daniel T. Gilbert, «A Wandering Mind Is an Unhappy Mind», *Science* 330, n.º 6006 (12 de noviembre de 2010): 932, https://pubmed.ncbi.nlm.nih.gov/21071660/

11. Daniel G. Amen, *Your Brain Is Always Listening* (Carol Stream, IL: Tyndale, 2021), 63–64.
12. Courtney E. Ackerman, «How to Live in the Moment: 35+ Tools to Be More Present», *PositivePsychology.com*, actualizado el 30 de enero de 2021, https://positivepsychology.com/present-moment/
13. Ackerman, «How to Live in the Present Moment».
14. Jennifer Aaker y Naomi Bagdonas, *Humor, Seriously: Why Humor Is a Secret Weapon in Business and Life* (Nueva York: Currency, 2021), 22.
15. Janelle Ringer, «Laughter: A Fool-Proof Prescription», *Loma Linda University Health*, 1 de abril de 2019, https://news.llu.edu/research/laughter-fool-proof-prescription

# SOBRE EL DOCTOR DANIEL G. AMEN

EL DOCTOR DANIEL G. AMEN CREE que la salud cerebral es fundamental para la salud en general y para el éxito. Cuando el cerebro funciona bien, dice, las personas funcionan bien; cuando el cerebro sufre problemas, es mucho más probable que los tengamos en la vida. Su trabajo está consagrado a ayudar a las personas a gozar de un cerebro y una vida mejores.

Sharecare lo nombró el experto y defensor de la salud mental más influyente de internet, y el *Washington Post* lo calificó como el psiquiatra más popular de Estados Unidos. Sus vídeos en internet cuentan con más de 300 millones de visualizaciones.

El doctor Amen es médico, psiquiatra infantil y de adultos colegiado, investigador galardonado y autor de doce bestsellers de la lista del *New York Times*. Es fundador y director general de las Clínicas Amen de Costa Mesa, Walnut Creek y Encino, California; Bellevue, Washington; Washington, DC; Atlanta, Georgia; Chicago, Illinois; Dallas, Texas; Nueva York, NY; y Hollywood, Florida.

Las Clínicas Amen cuentan con la mayor base de datos del mundo de escáneres cerebrales funcionales relacionados con el comportamiento, con más de 200.000 escáneres SPECT y más de 10.000 qEEG llevados a cabo con pacientes de más de 155 países.

El doctor Amen es el investigador jefe del mayor proyecto de investigación del mundo sobre imágenes cerebrales y rehabilitación de jugadores profesionales de fútbol americano. Su trabajo no solo ha puesto de manifiesto los altos niveles de daño cerebral en estos jugadores, sino también la posibilidad de una recuperación significativa para muchos de ellos, gracias a los principios en los que se basa su trabajo.

Por otra parte, junto con el pastor Rick Warren y el doctor Mark Hyman, el doctor Amen es también uno de los principales diseñadores del Plan Daniel, un programa para «sanar al mundo» a través de organizaciones religiosas que se ha puesto en marcha en miles de iglesias, mezquitas y sinagogas.

El doctor Amen es, además, autor y coautor de más de 80 artículos científicos, 9 capítulos de libros y más de 40 libros, entre los que figuran 18 bestsellers en Estados Unidos y 12 de la lista del *New York Times* (incluidos el número 1 de esta lista, *El Plan Daniel*, y el que fuera bestseller durante 40 semanas y que vendió más de un millón de copias, *Cambia tu cerebro, cambia tu vida*; así como *The End of Mental Illness, Healing ADD, Cambia tu cerebro, cambia tu cuerpo, The Brain Warrior's Way, Memory Rescue, Your Brain is Always Listening* y *Sé más feliz*).

Los artículos científicos del doctor Amen se han publicado en las prestigiosas revistas *Journal of Alzheimer's Disease*; *Molecular Psychiatry,* de *Nature*; *PLOS ONE*; *Translational Psychiatry,* de *Nature*; *Obesity,* de *Nature*; *Journal of Neuropsychiatry and Clinical Neuroscience*; *Minerva Psichiatrica*; *Journal of Neurotrauma*; *American Journal of Psychiatry*; *Nuclear Medicine Communications*; *Neurological Research*; *Journal of the American Academy of Child and Adolescent Psychiatry*; *Primary Psychiatry*; *Military Medicine*, y *General Hospital Psychiatry*.

En enero de 2016, la investigación de su equipo sobre la distinción entre el TEPT (trastorno por estrés postraumático) y la LCT (lesión cerebral traumática) a partir de más de 21.000 escáneres SPECT fue presentada como una de las cien mejores publicaciones científicas por la revista *Discover*. En 2017, su equipo publicó un estudio —basado en más de 46.000 escáneres— que mostraba las diferencias entre los cerebros masculino y femenino. En 2018 publicó otro estudio sobre el proceso de envejecimiento del cerebro, basado en 62.454 escáneres SPECT.

El doctor Amen también ha guionizado, producido y presentado 17 programas para la televisión pública estadounidense sobre salud cerebral, que se han emitido más de 140.000 veces en toda Norteamérica. Hasta marzo de 2023, su último programa es *Change Your Brain Every Day*.

Junto con su mujer, Tana, ha presentado el pódcast *The Brain Warrior's Way* desde 2015, con más de mil episodios y 14 millones de descargas. Apple lo ha incluido entre los veinte mejores pódcast sobre salud mental de todos los tiempos.

El doctor Amen ha aparecido en películas como *Quiet Explosions*, *After the Last Round* y *The Crash Reel*, y fue asesor de *La verdad duele*, protagonizada por Will Smith. Participó también en la docuserie *Justin Bieber: Seasons*, y lo hace de forma regular en *The Dr. Oz Show*, *Dr. Phil* y *The Doctors*.

También ha impartido conferencias para la Agencia de Seguridad Nacional de Estados Unidos (NSA), la National Science Foundation (NSF), el congreso *Learning and the Brain*, de Harvard, el Departamento de Interior, el Consejo Nacional de Jueces de Tribunales de Menores y de Familia, los Tribunales Supremos de Ohio, Delaware y Wyoming, las sociedades canadiense y brasileña de medicina nuclear y grandes empresas como Merrill Lynch, Hitachi, Bayer Pharmaceuticals, GNC y muchas otras. En 2016, el doctor Amen impartió una de las prestigiosas charlas «Talks» de Google.

Su trabajo se ha publicado en *Newsweek*, *Time*, *The Huffington Post*, *ABC World News*, *20/20*, la *BBC*, *London Telegraph*, la revista *Parade*, el *New York Times*, la *New York Times Magazine*, *The Washington Post*, *MIT Technology*, el Fórum Económico Mundial, *Los Angeles Times*, *Men's Health*, *Bottom Line*, *Vogue*, *Cosmopolitan* y muchos otros medios y publicaciones.

En 2010, el doctor Amen fundó BrainMD, una empresa nutracéutica de rápido crecimiento, dedicada a la producción de formas naturales de favorecer la salud mental y cerebral.

Daniel Amen está casado con Tana, es padre de cuatro hijos y abuelo de Elias, Emmy, Liam, Louie y Haven. También es un ávido jugador de tenis de mesa.

**MIS NOTAS**

**MIS NOTAS**

# MIS NOTAS

# MIS NOTAS

# MIS NOTAS

# MIS NOTAS

# MIS NOTAS

# MIS NOTAS

**SÉ MÁS FELIZ** de DANIEL G. AMEN

El Dr. Daniel Amen revela en *Sé más feliz* siete secretos neurocientíficos para aumentar tu felicidad en solo 30 días. Basado en más de 200.000 escáneres cerebrales, identifica cinco tipos de cerebro y ofrece estrategias personalizadas y prácticas para mejorar el bienestar emocional, tomar mejores decisiones y vivir con propósito, claridad y equilibrio duradero.

**MEJORA TU CEREBRO CADA DÍA** de DANIEL G. AMEN

366 prácticas diarias para mejorar tu cerebro, tu mente y tu vida. Daniel G. Amen, psiquiatra y neurocientífico con más de 40 años de experiencia, comparte hábitos diarios para mejorar el cerebro, potenciar la memoria y aumentar la felicidad. Estos hábitos promueven la gestión de la mente, la superación del estrés, la búsqueda de propósito y el aprendizaje para una vida saludable y exitosa.

**CÓMO CRIAR HIJOS CON FORTALEZA MENTAL** de DANIEL AMEN

El Dr. Daniel Amen y el Dr. Charles Fay fusionan neurociencia, amor y lógica en este innovador libro sobre crianza. Proporcionan herramientas prácticas para abordar problemas de comportamiento, ayudando a los niños a ser responsables, resilientes y capaces de tomar buenas decisiones. Los padres aprenderán a fomentar la salud mental y el potencial de sus hijos.

**NUTRIVORE** de SARAH BALLANTYNE

*Nutrivore*, de la Dra. Sarah Ballantyne, es la guía definitiva para comer mejor sin hacer dietas restrictivas. Descubre cómo llenar tu plato de alimentos ricos en nutrientes, sin contar calorías ni renunciar al placer de comer. Con consejos prácticos, efectivos y basados en ciencia, mejorarás tu salud, tendrás más energía y disfrutarás cuidándote sin complicaciones ni estrés.

**LAS LEYES DIARIAS** de ROBERT GREENE

Durante 25 años, Robert Greene ha ofrecido lecciones sobre aspectos humanos como el poder, la seducción, la estrategia y la psicología. *Las leyes diarias* recopila su sabiduría en 366 meditaciones, una para cada día del año, que abarcan temas como el liderazgo, la adversidad y la productividad, entre otros. Ryan Holiday se inspiró en este libro para escribir su bestseller *Diario para estoicos*.

### INTELIGENCIA EMOCIONAL, 3ª EDICIÓN de HARVARD

La nueva edición revisada y ampliada, con información actualizada por Daniel Goleman y otros investigadores, ofrece herramientas para mejorar el bienestar y la satisfacción personal a través de la gestión emocional. Con un nuevo capítulo sobre el manejo del estrés y las conexiones emocionales en el trabajo, aprenderás a gestionar tus emociones y mejorar tus relaciones.

### LAS LEYES DE LA NATURALEZA HUMANA de ROBERT GREENE

*Las leyes de la naturaleza humana*, de Robert Greene, es una obra fascinante que explora los impulsos y motivaciones ocultas detrás de las acciones humanas. Basado en ejemplos históricos de figuras como Pericles y Martin Luther King Jr., Greene nos enseña a gestionar nuestras emociones, desarrollar empatía, y entender las verdaderas intenciones de las personas, claves para el éxito personal y profesional.

### CAMBIA TUS PREGUNTAS, CAMBIA TU VIDA de MARILEE ADAMS

*Cambia tus preguntas, cambia tu vida*, de Marilee Adams, es una guía transformadora que te enseña a cambiar tu forma de pensar y afrontar los desafíos. A través de la metodología de "preguntas de aprendizaje", aprenderás a mejorar tus relaciones y tomar decisiones más efectivas, logrando así un crecimiento personal y profesional que te acercará a tus objetivos y metas.

### TU MEJOR VERSIÓN EN 12 SEMANAS de SANJAY GUPTA

Una guía transformadora con un enfoque paso a paso para cambiar hábitos arraigados y mejorar nuestra calidad de vida. Al seguir estos consejos, podremos reducir la ansiedad, mejorar el sueño y aumentar la energía, la claridad mental y la resistencia al estrés. Esta guía esencial nos permite adoptar comportamientos saludables y experimentar una transformación en solo 12 semanas.

### DIARIO PARA ESTOICOS de RYAN HOLIDAY

Una guía fascinante para transmitir la sabiduría estoica a una nueva generación de lectores y mejorar nuestra calidad de vida. Su Agenda es un complemento perfecto para una reflexión más profunda sobre el estoicismo, así como indicaciones diarias y herramientas estoicas de autogestión.

---

Disponibles también en formato **e-book.**

---

**Solicita más información en revertemanagement@reverte.com**
**www.revertemanagement.com**
@revertemanagement

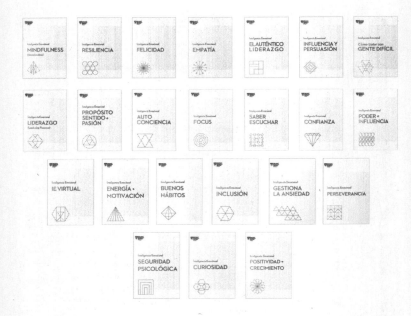

# Serie Inteligencia Emocional
## Harvard Business Review

Esta colección ofrece una serie de textos cuidadosamente eleccionados sobre los aspectos humanos de la vida profesional. Mediante investigaciones contrastadas, cada libro muestra cómo las emociones influyen en nuestra vida laboral y proporciona consejos prácticos para gestionar equipos humanos y situaciones conflictivas. Estas lecturas, estimulantes y prácticas, ayudan a conseguir el bienestar emocional en el trabajo.

Con la garantía de **Harvard Business Review**

Participan investigadores de la talla de
**Daniel Goleman, Annie McKee** y **Dan Gilbert**, entre otros

Disponibles también en formato **e-book**

**Solicita más información en revertemanagement@reverte.com**
**www.revertemanagement.com**
@revertemanagement

# Estuches Serie Inteligencia Emocional

## Harvard Business Review

Con la garantía de **Harvard Business Review**

Participan investigadores de la talla de
**Daniel Goleman, Annie McKee** y **Dan Gilbert**, entre otros

Disponibles también en formato **e-book**

**Solicita más información en revertemanagement@reverte.com**

**www.revertemanagement.com**

@revertemanagement

# Gracias

**REM***life*